第 3 辑 2018 年 9 月

主　编：徐宗玲　胡少东

# 粤台商业评论

# Guangdong-Taiwan Business Review

汕头大学粤台企业合作研究院
广东省普通高校人文社会科学重点研究基地
主办

2018

经济管理出版社
ECONOMY & MANAGEMENT PUBLISHING HOUSE

**图书在版编目（CIP）数据**

粤台商业评论. 第3辑 / 徐宗玲，胡少东主编. —北京：经济管理出版社，2018.9
ISBN 978-7-5096-6003-4

Ⅰ. ①粤…　Ⅱ. ①徐…　②胡…　Ⅲ. ①海峡两岸—区域经济合作—文集　Ⅳ. ①F124-53

中国版本图书馆 CIP 数据核字（2018）第 209478 号

组稿编辑：申桂萍
责任编辑：梁植睿
责任印制：司东翔
责任校对：陈　颖

出版发行：经济管理出版社
（北京市海淀区北蜂窝 8 号中雅大厦 A 座 11 层　100038）
网　　址：www. E-mp. com. cn
电　　话：（010）51915602
印　　刷：三河市延风印装有限公司
经　　销：新华书店
开　　本：880mm×1230mm/16
印　　张：7.75
字　　数：219 千字
版　　次：2018 年 9 月第 1 版　2018 年 9 月第 1 次印刷
书　　号：ISBN 978-7-5096-6003-4
定　　价：30.00 元

**·版权所有　翻印必究·**
凡购本社图书，如有印装错误，由本社读者服务部负责调换。
联系地址：北京阜外月坛北小街 2 号
电话：（010）68022974　　邮编：100836

# 目　录

## 两岸营销

海峡两岸“80后”“90后”怀旧消费研究 …………………………… 曾宪扬　吴东儒　王雯娟（3）

## 两岸企业

中国台湾地区企业经理干部外派大陆适应度与工作投入关系研究 …………………… 李进明（17）

## 两岸经贸

海峡两岸经贸利益的分配评估及改善路径研究 ……………………………………… 吴凤娇（33）
旅游收入差异、对外贸易水平与第三产业增长
——基于广东省区域差异的比较分析 ………………………………… 王　鹏　谢丽文（40）

## 产业合作

中国台湾地区少数民族文化创意产业发展战略研究 ………………………………… 曾惠珠（57）
浅谈汕头金融产业发展设想
——基于中国台湾地区金融创新成果的总结 ……… 朱健齐　林泽兰　张　铭　莫国敏（74）
新形势下两岸文化交流的意义和前景评析 ………………………………………… 李文艺（90）
地方政府与行业协会在产业集群升级中的作用
——以澄海玩具产业集群为例 ……………………………… 陈伟钿　胡少东　林丹明（99）

## 创业创新

中国台湾地区青年大陆创业环境分析与推进策略探讨
——基于长三角地区的调查与思考 ……………………………………………… 邓启明（113）

# 两岸营销

# 海峡两岸"80后""90后"怀旧消费研究

曾宪扬[1] 吴东儒[2] 王雯娟[3]

(汕头大学商学院，广东汕头，515063[1][3]；
华侨大学工商管理学院，福建泉州，362021[2])

**[摘 要]** 怀旧现象在20世纪90年代引起了社会学家和心理学家的兴趣，西方学者开始探索消费者怀旧心理在营销中所起的作用及其应用。本研究整理并且比较中西方学者关于怀旧的研究理论和方法。此外，依据中国学者对怀旧的分类，探讨不同类型的怀旧对怀旧产品态度的影响，以及不同年龄段消费者各类怀旧的差异性，并提出以地区作为怀旧倾向与产品态度之间的调节变量的模型。本研究采用定量研究法，调查对象为海峡两岸的"80后"和"90后"，对回收的828份问卷数据采用单因素方差分析与回归分析。研究结果显示，个人怀旧、家庭怀旧对产品态度有显著的正向影响，地区作为调节变量能够对个人怀旧对产品的态度起到影响。而不同年龄和不同地区的消费者的个人怀旧和家庭怀旧没有显著差异，但是在人际怀旧方面存在差异性。研究结果建议，海峡两岸怀旧产业可以运用台湾文创人才先在台湾地区进行怀旧产品的测试，然后在大陆地区全面推广，共谋产业的突破与发展。

**[关键词]** 怀旧倾向；怀旧产品态度；海峡两岸；调节作用

**[JEL分类]** M31

## 1 引 言

### 1.1 研究背景

#### 1.1.1 社会背景

20世纪90年代，一股怀旧风席卷整个社会。怀旧不再属于心理学、社会学研究中深奥难懂的术语，而成为一种常见的社会现象，遍及社会和个人生活的各个方面，戴锦华对当时全社会的怀旧现象有过生动细致的描写。[1]"老字号""老照片""老古董""老房子"等词语的出现成为"怀旧热"的一个鲜明标志。[2]

20多年过去了，怀旧的热潮非但没有退去，反而愈演愈烈。只是不同于20世纪90年代，如今"80后"与"90后"也涌入怀旧大潮，并且因为其强大的消费能力成为怀旧消费市场的主力

---

**[基金项目]** 广东省人文社会科学重点研究基地汕头大学粤台企业合作研究院开放基金项目"粤台怀旧产业合作模式之研究"(项目负责人为吴东儒)。

**[作者简介]** 曾宪扬（1967—），男，中国台湾台北人，汉族，汕头大学商学院副教授，台湾中山大学管理学博士，主要研究方向为消费者行为，E-mail：xyzeng@stu.edu.cn。吴东儒（1984—），男，中国台湾高雄人，汉族，硕士生导师，华侨大学工商管理学院，台湾中山大学企业管理博士，研究方向为华人组织行为学和家族企业研究，E-mail：tjwu@hqu.edu.cn。王雯娟（1994—），女，福建福州人，汉族，学士，研究方向为市场营销，E-mail：misty-wang@foxmail.com。

军。2008 年，“80 后”所用的初中英语教科书中的两个人物“Li Lei 和 Han Meimei”被中国香港佐丹奴采用作为其 T 恤设计元素。继《那些年，我们一起追的女孩》之后，怀旧青春电影层出不穷，2015 年上映的《我的少女时代》以 3.59 亿元总票房成为至今大陆地区最卖座的台湾电影，其票房贡献率主要来源于“80 后”与“90 后”。2016 年，百事可乐借势“六小龄童未被央视邀请上猴年春晚”，邀请“80 后”明星李易峰出演微电影广告《把乐带回家之猴王世家》，赢得“80 后”和“90 后”的好感。2016 年以“孝”为主题的综艺节目《旋风孝子》刚开播就成为同一时间段全网收视率冠军；节目嘉宾大部分是“80 后”（还有一位“90 后”），以及他们的父母。该节目同时在微博社交平台上发起“晒出你的童年记忆”话题活动，获得 1973.7 万次阅读量和 6095 次讨论。可见，消费者怀旧已经成为营销、广告、娱乐媒体中一种非常有效且很有说服力的营销策略[3][4]。

### 1.1.2 学术背景

对于怀旧营销的研究始于 20 世纪 90 年代。学者的研究内容主要分为三个部分：第一部分探索了怀旧的成因（年龄、性别、怀旧倾向）、诱因以及怀旧与品牌或产品的关系（消费偏好、购买意愿、广告敏感度）。第二部分拓展了 Sedikides 在怀旧心理作用上的研究及其原因分析。第三部分是怀旧量表的开发。[5] Holbrook（1993）开发的怀旧倾向量表被广泛应用于消费者怀旧偏好研究中，并且证明怀旧倾向和年龄两个变量相互独立。[6][7] Reisenwitz 等（2004）基于怀旧的分类，证明了怀旧和年龄相关。[8] 我国学者何佳讯根据西方学者的量表开发出符合中国特点的怀旧测量量表，将怀旧分成个人怀旧、人际怀旧、家庭怀旧三种。[9]

大多数研究主要探讨消费者怀旧在营销中的应用，而较少从怀旧产品角度，根据怀旧分类对不同年龄消费者的怀旧产品态度进行研究。笔者认为，从怀旧分类对中国消费者市场进行研究，能够帮助营销者更好地了解消费者细分的特征和偏好，对营销战略有很好的指导作用。此外，回顾中西方文献，并没有发现有学者对不同地区消费者的怀旧产品态度进行研究。因此，本研究将把地区作为怀旧倾向和怀旧产品态度的调节变量，对三种怀旧倾向分类进行探讨。

## 1.2 研究目的和研究意义

本研究的目的主要有三个：

（1）消费者怀旧倾向对产品态度的影响。

（2）了解不同年龄、不同地区消费者是否会拥有不同的怀旧倾向强度。

（3）以地区为调节变量，探索不同怀旧倾向与产品态度的关系。

本文的研究意义是：

改革开放以来，我国经济快速发展，不断攀升的生活成本、激烈的社会竞争增大了人们的生存压力，人们开始怀念童年时无拘无束的美好时光，怀旧市场显现出巨大潜力。此外，“三十而立，四十不惑”，“80 后”和“90 后”即将迈入各自人生又一个新的阶段。2006 年著名投资银行百富勤曾预言，到 2016 年，“80 后”一代将逐渐成年并成为消费市场的主力军。[10] 那么在十年之后，也意味着“90 后”即将成为消费市场的中流砥柱。因此，基于怀旧分类，对这两个年龄段的消费者怀旧消费行为进行研究十分有必要。

本文研究的对象为大陆地区与台湾地区，主要是考虑两岸的历史发展不同，具有强烈的差异性和对比性。在大陆地区火热的青春怀旧电影《那些年，我们一起追的女孩》《我的少女时代》都来自台湾地区，而且台湾近几年盛行怀旧旅游，[11] 其“怀旧潮”似乎比大陆地区更加狂热。但是事实是否真的如此？对两岸消费者怀旧产品态度的探究能够对两岸怀旧消费市场有更深的了解。

此外，大陆地区和台湾地区从 20 世纪 80 年代开始有经贸、文化、体育、学术上的往来，而且两岸文化一脉相承，能够减少怀旧测量量表的误差。最重要的是，目前针对两岸经贸合作的研究限于农业合作、制造业、零售业、银行业、酒店服务业，对于怀旧产业的合作则鲜有文献探讨。

而两岸“80后”“90后”的童年生活正好经历了“小三通”“大三通”的变化，因此发展两岸怀旧产业具有潜在的商机，对促进两岸经贸合作有着重要的意义。

# 2　文献综述

怀旧是与生俱来的，不同年龄、不同个性的怀旧是人与生俱来的情感，不同年龄、不同个性的人都会感受得到，[12] 怀旧经常毫无预期地进入人的思想，使人不由自主地沉溺其中。[13] 以下首先介绍怀旧的概念和分类，再对消费者怀旧理论与诱因进行总结。

## 2.1　怀旧的概念和分类

在20世纪之前，“怀旧”一直作为心理和病理上的术语被人们理解。直到1979年，社会学家Davis指出“怀旧是一种正常的人类反应和一种社会学研究现象”[12] 改变了人们对怀旧的看法。1989年，Holbrook和Schindler首次提出消费者怀旧现象。[5] 自此，关于怀旧的研究成为营销学者非常感兴趣的主题，并不断在营销和消费者行为领域中被拓展和丰富。

怀旧是一种偏差认知，即认为过去比现在好。[14] Holbrook和Schindler（1991）对怀旧的定义被普遍接受：顾客产生的怀旧情感是当顾客遇到从出生到成年早期那段时间经常见到的一些人、地方、事物时产生的喜爱之情（一般是积极的、乐观的），并且强调怀旧是一种消费偏好。[5] 他们认为怀旧不仅是那些伤感、苦乐参半的反应，而是包括所有对过去事物的喜爱，而且人们对未亲身经历过的时代也可能产生怀旧。[15]

现有的怀旧类型主要从个人或集体（社会）怀旧以及直接或间接经历两个维度进行分类。个人怀旧是对个人青年全盛时期的怀旧，集体（社会）怀旧是对战争、革命、经济动荡或重大灾难等引起的时代变迁的怀旧。[16] Davis则分别根据直接和间接维度将怀旧分为真实怀旧和代际怀旧。[12] Holak基于两种维度将怀旧分为个人怀旧、人际怀旧、文化怀旧和虚拟怀旧四种类型。[17]

## 2.2　消费者怀旧理论

消费者怀旧现象被提出后，营销学者们便开始探究消费者的特征与消费者怀旧的关系，试图找出能够影响消费者怀旧倾向的因素。在学者们开发出的用于测量消费者怀旧倾向的量表中，Holbrook（1993）开发的八个测项的怀旧倾向测量量表得到众多学者的认同。[7] 但是，由于其主要针对的是西方消费者，许多表述并不符合中国市场的研究。因此，我国学者（何佳讯[9]、路曼曼[18] 等）在西方消费怀旧研究的理论基础上提出更加符合中国特点的量表。经过实证，这些量表具有良好的信度和效度，适合进行研究。

年龄与怀旧的关系研究是消费者怀旧中的重要一部分，Davis认为怀旧是一种让人可以在人生各个阶段转变间仍维持自我的认同与延续，而且在人进入中年以及退休的时候怀旧倾向达到高峰。[12] Holbrook（1993）证实年龄对怀旧倾向没有影响，并且对于不同的产品种类，怀旧偏好峰值出现的时间也不同。[7] Goulding（2002）的研究认为，影响消费者怀旧的不是实际年龄，而是认知年龄。[19] Reisenwitz等（2004）的研究认为，年龄与不同怀旧类型相关，个人怀旧与年龄显著正相关，而社会怀旧却与年龄显著负相关。[8]

怀旧产品态度作为怀旧消费行为研究的一个主要结果变量，被学者用来探讨怀旧心理对消费者行为的影响。[8][20] 产品态度是关于产品或品牌的认知评价和肯定或否定的情感倾向，是消费者基于直接或间接的产品信息、使用体验以及消费者价值、情感特征而形成的。[20]

### 2.3 消费者怀旧诱因

消费者怀旧情感能够影响消费者态度和购买行为。[8][21][22] 消费者怀旧诱因的研究就是探讨消费者怀旧情绪如何被激发和唤起。消费者怀旧的诱因是指那些诱发或唤起消费者的怀旧感的元素。[23] 现有文献对引发怀旧的因素（包括有形和无形）进行了分析，具体表现为音乐[24]、气味[25]、广告[26][27] 以及有形的怀旧刺激物，例如照片、人或事等。Holak 和 Havlena（1992）把引发怀旧刺激物的类型高度概括为——人、物、事。[28]

正向怀旧感情对消费者的判断过程起到积极的影响，[29] 能对产品评估结果，即产品态度产生有利的影响。[30] 如果消费者产生的正向怀旧情感越多，对产品的态度越好，越有利于购买行为的产生。

## 3 实证研究设计与方法

### 3.1 研究假设

西方怀旧分类主要依据个人和群体、直接和间接两个维度，但是由于中西方文化差异大，很多西方的研究方法以及结论并不适合我国特点。我国学者何佳讯开发的怀旧量表将怀旧分为个人怀旧、人际怀旧以及家庭怀旧三种类型。因为该量表预测信度和效度较高，更适合中国市场的研究，所以本文将采用这一怀旧分类以及量表进行研究。

回顾过往研究和文献发现，学者们经常将怀旧倾向作为调节变量，如对品牌感知质量和态度忠诚的关系有调节作用[30]、对消费者怀旧情感反应和产品态度的关系有调节作用，[31] 但是很少有学者基于怀旧倾向分类直接探讨怀旧倾向对产品态度的影响。探讨不同怀旧倾向的消费者的产品态度对了解消费者细分市场的作用不容忽视。因此，本文提出以下假设：

**H1：个人怀旧与产品态度之间存在显著的正相关关系。**

**H2：人际怀旧与产品态度之间存在显著的正相关关系。**

**H3：家庭怀旧与产品态度之间存在显著的正相关关系。**

此外，学者们也很少以地区作为调节变量探讨其在不同类型的怀旧倾向与产品态度之间起到的作用。笔者认为，地区作为重要的怀旧消费市场细分特征之一，对在不同市场开展营销策略有着重要的指导作用。因此，本文提出以下假设：

**H4：不同地区对个人怀旧和产品态度之间的关系有调节作用。**

**H5：不同地区对人际怀旧和产品态度之间的关系有调节作用。**

**H6：不同地区对家庭怀旧和产品态度之间的关系有调节作用。**

关于不同年龄和不同怀旧倾向的关系的研究十分有限，Reisenwitz 等曾经进行过研究，[8] 但是中国还没有学者基于中国消费者的怀旧倾向类型对其与年龄的关系进行探讨。因此这将是本文的一个重点，并提出以下假设：

**H7：不同年龄消费者在个人怀旧上有显著差异。**

**H8：不同年龄消费者在人际怀旧上有显著差异。**

**H9：不同年龄消费者在家庭怀旧上有显著差异。**

### 3.2 方法与数据收集

本次调查对象为大陆和台湾两个地区的“80 后”和“90 后”。选择“80 后”和“90 后”是因为他们已经或即将成为消费市场的主力军，对社会的影响力越来越大。大陆地区和台湾地区文化底蕴相同，能够减少文化差异带来的误差。同时两个地区经历的社会环境十分不同，研究结果具有意义。

在问卷设计前需要确定怀旧刺激物。根据我国学者张莹对怀旧产品的定义：怀旧产品最为重要、显著的特点是包含着消费者的以往记忆。[31] 在网上搜索关键词“怀旧产品”并选出合适的产品图片，分别邀请几位大陆地区和台湾地区的“80 后”与“90 后”学生与青年进行测试，确定这些产品确实是他们的童年记忆。

接着根据研究模型，笔者参考了何佳讯的怀旧测量量表 [9] 以及张莹的产品态度量表 [31]，并基于李克特 5 点量表设计问卷。问卷一共分为三个部分：第一部分是问卷说明和怀旧图片（刺激物）；第二部分是变量，包括怀旧倾向和产品态度两个变量；第三部分是对消费者性别、年龄、收入等人口统计信息的调查。此外，针对两岸的语言表述习惯不同，本研究分别设置了符合两岸特点的问卷。

本次问卷调查采用系统随机抽样方式，将问卷派发现场的每 10 个人作为一个组，只抽取第 10 个人填写问卷。在大陆地区的汕头市和广州市、台湾地区的高雄市和台北市，选择人流量大的购物广场、公园、学校、车站等场所作为调查地点，尽可能使问卷收集更具代表性和随机性。为了保证研究结果的有效性，严格控制两岸样本数量，使其相同。问卷收集开始时间为 2014 年 12 月，结束时间为 2015 年 3 月。

# 4 数据分析与假设检验

本研究共收集有效问卷 828 份，其中大陆地区和台湾地区各占比 48.8%（n=404）与 51.2%（n=424）。将台湾地区和大陆地区分别编码为 1、2，并进行数据分析。

## 4.1 样本的描述性分析

本次样本女性比例较高（59.3%），年龄分布较为平均，“90 后”（n=434，52.4%）与“80 后”（n=394，47.6%）约各占一半，学历大专以下占多数（n=444，53.6%），单身者居多（n=634，76.6%），收入也偏低（n=596，6000 元以下收入占 72.0%），如表 1 所示。

**表 1 样本个人信息统计**

单位：%

| 变量 | 频数 | 百分比 |
|---|---|---|
| 性别 | | |
| 男 | 337 | 40.7 |
| 女 | 491 | 59.3 |
| 年龄 | | |
| 18~22 岁 | 340 | 41.1 |
| 23~24 岁 | 94 | 11.4 |
| 25~29 岁 | 224 | 27.1 |
| 30~34 岁 | 170 | 20.5 |
| 学历 | | |
| 高中以下 | 230 | 27.8 |
| 大专 | 214 | 25.8 |

续表

| 变量 | 频数 | 百分比 |
| --- | --- | --- |
| 大学本科 | 310 | 37.4 |
| 硕士及以上 | 75 | 9.1 |
| 婚姻状况 | | |
| 单身 | 634 | 76.6 |
| 已婚 | 194 | 23.4 |
| 月收入 | | |
| 3000 元及以下 | 325 | 39.3 |
| 3001~6000 元 | 271 | 32.7 |
| 6001~9000 元 | 138 | 16.7 |
| 9001 元及以上 | 94 | 11.4 |

## 4.2 信度和效度分析

由于两岸怀旧文化与用字遣词略有差异，因此本研究分别将大陆地区和台湾地区样本分开计算问卷信度、效度，表 2 是本研究所使用的量表题项及其信度、效度的检验结果。由表 2 可知，各题项的因子载荷均大于 0.5，表示该分类方法具有良好的效度。各变量的 Cronbach's α 值均大于 0.7，表明问卷信度高，设置合理。

**表 2 测量题项及信度、效度检验结果**

| 变量、题项、信度、效度 | 因子载荷 | |
| --- | --- | --- |
| | 大陆地区问卷 | 台湾地区问卷 |
| 1 个人怀旧（大陆地区问卷 α = 0.808；台湾地区问卷 α = 0.819） | | |
| 1.1 很久以前的那些电视剧/电影，至今我仍然喜欢看 | 0.718 | 0.736 |
| 1.2 我怀念过去生活的地方 | 0.768 | 0.775 |
| 1.3 我经常想起小时候难忘的往事 | 0.766 | 0.788 |
| 1.4 小时候听的那些老歌，现在听起来让人回味无穷 | 0.737 | 0.735 |
| 1.5 小时候吃过的那个口味，至今我仍然喜欢 | 0.685 | 0.576 |
| 2 人际怀旧（大陆地区问卷 α = 0.826；台湾地区问卷 α = 0.859） | | |
| 2.1 现在的人变得越来越功利了 | 0.772 | 0.776 |
| 2.2 现在的人不如以前朴实了 | 0.834 | 0.787 |
| 2.3 现在的人活着比以前累多了 | 0.795 | 0.704 |
| 2.4 现在的人际关系比以前复杂多了 | 0.757 | 0.655 |
| 2.5 现在的人们生活节奏太快了 | 0.670 | 0.738 |
| 3 家庭怀旧（大陆地区问卷 α = 0.788；台湾地区问卷 α = 0.819） | | |
| 3.1 我经常想起小时候家人对我的关爱 | 0.808 | 0.605 |
| 3.2 小时候的家庭生活让我感觉幸福 | 0.865 | 0.839 |
| 3.3 我对自己过去的经历充满感恩 | 0.774 | 0.834 |

续表

| 变量、题项、信度、效度 | 因子载荷 | |
|---|---|---|
| | 大陆地区问卷 | 台湾地区问卷 |
| 3.4 过去和家人在一起的时光是值得珍惜的 | 0.649 | 0.685 |
| 4 产品态度（大陆地区问卷 α = 0.893；台湾地区问卷 α = 0.933） | | |
| 4.1 我很喜欢这些产品 | 0.716 | 0.799 |
| 4.2 这个产品是有吸引力的 | 0.792 | 0.813 |
| 4.3 该产品是令人感兴趣的 | 0.880 | 0.843 |
| 4.4 该产品是有魅力的 | 0.890 | 0.798 |

## 4.3 单因素方差分析

将年龄与怀旧倾向进行方差分析，得到的结果如表 3 所示。

**表 3 不同年龄段对各变量的单因素方差分析结果**

| 变量 | 平方和 | 自由度（df） | F | Sig. |
|---|---|---|---|---|
| 个人怀旧 | 0.607 | 3 | 0.379 | 0.768 |
| 人际怀旧 | 6.117 | 3 | 4.310 | 0.005 |
| 家庭怀旧 | 0.597 | 3 | 0.349 | 0.790 |
| 产品态度 | 5.072 | 3 | 2.336 | 0.072 |

由表 3 得知，对年龄与怀旧倾向变量和产品态度进行单因素方差分析，发现不同年龄的消费者在个人怀旧和家庭怀旧方面 Sig.值均大于 0.05 的显著性水平，说明不同年龄消费者的个人怀旧与家庭怀旧不存在明显的差异性，即对同一件怀旧产品，“80 后”和“90 后”产生的个人怀旧和家庭怀旧并无不同之处，因此 H7 与 H9 不成立。人际怀旧和年龄的 Sig.值为 0.005，远小于 0.05 的显著水平，说明不同年龄消费者的人际怀旧有显著的差异性，证明 H8 成立。最后，不同年龄对产品态度没有得到显著差异（F = 2.336，p = 0.072）。

此外，对不同年龄段的人际怀旧倾向进行 LSD 方差分析，分析结果如表 4 所示。

**表 4 不同年龄段对人际怀旧的 LSD 方差分析结果**

| | （I）年龄 | （J）年龄 | 均值偏差（I–J） | 标准误差 | Sig. | 均值 |
|---|---|---|---|---|---|---|
| 人际怀旧 | 18~22 岁 | 23~24 岁 | 0.01128 | 0.08015 | 0.888 | 3.9900 |
| | | 25~29 岁 | –0.03589 | 0.05919 | 0.544 | |
| | | 30~34 岁 | –0.21941* | 0.06461 | 0.001 | |
| | 23~24 岁 | 18~22 岁 | –0.01128 | 0.08015 | 0.888 | 3.9787 |
| | | 25~29 岁 | –0.04717 | 0.08453 | 0.577 | |
| | | 30~34 岁 | –0.23069* | 0.08841 | 0.009 | |
| | 25~29 岁 | 18~22 岁 | 0.03589 | 0.05919 | 0.544 | 4.0259 |
| | | 23~24 岁 | 0.04717 | 0.08453 | 0.577 | |
| | | 30~34 岁 | –0.18352* | 0.06996 | 0.009 | |

续表

| | (I) 年龄 | (J) 年龄 | 均值偏差 (I–J) | 标准误差 | Sig. | 均值 |
|---|---|---|---|---|---|---|
| 人际怀旧 | 30~34 岁 | 18~22 岁 | 0.21941* | 0.06461 | 0.001 | 4.2094 |
| | | 23~24 岁 | 0.23069* | 0.08841 | 0.009 | |
| | | 25~29 岁 | 0.18352* | 0.06996 | 0.009 | |

注：* 表示在 0.5 的水平上显著相关。

由表 4 可知，年龄在 30~34 岁的消费者与其他年龄段（18~22 岁、23~24 岁、25~29 岁）呈现显著的差异，并且由不同年龄段的均值分布来看，呈现该怀旧类型随着年龄增长而增大的趋势。说明在“80 后”和“90 后”群体中，年龄越大，其拥有的人际怀旧倾向越强。可能的原因是年龄越大，经历的挫折、承受的压力也就越大，并且交际圈子更加复杂，越倾向于怀念从前简单的生活。

再由地区对怀旧倾向和产品态度进行方差分析，得到如表 5 所示结果。

**表 5　地区与各变量的单因素方差分析结果**

| 变量 | 地区 | 均值 | 平方和 | 自由度 (df) | F | Sig. |
|---|---|---|---|---|---|---|
| 个人怀旧 | 台湾 | 3.8981 | 0.152 | 1 | 0.286 | 0.593 |
| | 大陆 | 3.9252 | | | | |
| 人际怀旧 | 台湾 | 4.1316 | 6.749 | 1 | 14.322 | 0.000 |
| | 大陆 | 3.9510 | | | | |
| 家庭怀旧 | 台湾 | 4.1386 | 0.344 | 1 | 0.604 | 0.437 |
| | 大陆 | 4.0978 | | | | |
| 产品态度 | 台湾 | 3.8343 | 3.535 | 1 | 4.884 | 0.027 |
| | 大陆 | 3.7036 | | | | |

由表 5 可知，发现地区与人际怀旧的 Sig.值为 0.000，远小于 0.05 的显著水平，说明不同地区消费者的人际怀旧具有显著的差异。其中台湾地区该怀旧均值为 4.1316，大于大陆地区的 3.9510，表明台湾地区表现出更强的人际怀旧倾向。这可能是因为不同地区的文化和经济环境不同，人们体验的社会环境不同，因此产生不同的怀旧倾向。

同时，地区与产品态度的 Sig.值为 0.027，小于 0.05 的显著水平，说明不同地区的消费者对怀旧产品的态度明显不同。在本研究中，台湾地区消费者对怀旧产品的态度均值为 3.8343，大于大陆地区消费者的 3.7036，即台湾地区的产品态度要明显强于大陆地区，台湾地区的消费者更有可能去购买怀旧产品。这一结果产生的可能原因是最近几年台湾地区的经济发展滞后，消费者经历的社会变化更加剧烈，内心表现出对现实生活的不满。因此，台湾地区消费者相较于大陆消费者更容易回忆过往的美好生活，其对怀旧产品的态度也就更高。

### 4.4　回归分析

为了进一步探究怀旧倾向、产品态度、地区之间的关系，需要进行回归分析，并验证地区在怀旧倾向和产品态度之间的调节作用。同时，为了排除自变量间的共线性问题，先将所有自变量个人怀旧、人际怀旧、家庭怀旧中心化。同时，用地区作为调节变量，检测其对个人怀旧、人际怀旧、家庭怀旧这三个变量的交互作用；使用多重线性回归分析，得到的结果如表 6 所示。

**表 6　层级回归统计结果**

| 变量 | 应变量：产品态度 | | |
|---|---|---|---|
| | 模型 1 | 模型 2 | 模型 3 |
| 自变量 | | | |
| 个人怀旧 | 0.40*** | 0.39*** | 0.39*** |
| 人际怀旧 | 0.10 | 0.04 | 0.03 |
| 家庭怀旧 | 0.30*** | 0.27*** | 0.27*** |
| 调节变量 | | | |
| 地区 | | −0.07** | −0.07** |
| 交互作用项 | | | |
| 地区 × 个人怀旧 | | | −0.07** |
| 地区 × 人际怀旧 | | | 0.03 |
| 地区 × 家庭怀旧 | | | 0.02 |
| $R^2$ | 0.393 | 0.462 | 0.469 |
| ΔR | 0.393 | 0.069 | 0.007 |
| F 值 | 266.545*** | 235.695*** | 181.676*** |
| ΔF | 525.108*** | 106.089*** | 11.020** |

注：*** 表示 $p < 0.001$；** 表示 $p < 0.01$；* 表示 $p < 0.05$。

由表 6 可知，模型 1 的 $R^2$ 为 0.393，模型的拟合尚可但是显著（F = 266.545，p = 0.000）。而怀旧倾向中，只有个人怀旧和家庭怀旧对产品态度都在 0.01 的水平上呈显著性正向影响（Sig.值均为 0.000），回归系数分别为 0.40 和 0.30。说明两种怀旧与产品态度之间存在显著的回归关系，证明了 H1 与 H3 成立。以上结果表明当怀旧产品唤起的个人怀旧与家庭怀旧倾向越强，消费者产生的产品态度越强，就越有可能转变为购买行为。人际怀旧对产品态度的系数为 0.10（$p = 0.201 > 0.05$），说明该类怀旧倾向对产品态度并不存在明显的回归关系，即由怀旧产品唤起的人际怀旧倾向并不能影响消费者对该产品的态度，因此 H2 不成立。

在模型 2 内导入地区变量，其 $R^2$ 增加至 0.462，模型的拟合较佳且显著（ΔF = 106.089，p = 0.000）。其中地区对产品态度呈显著性负向影响（回归系数为−0.07，p = 0.001），表示地区的取值越大，产品态度越弱，即台湾地区消费者的怀旧对产品态度的影响比大陆地区更强。

在模型 3 内加入交互作用项，其 $R^2$ 增加至 0.469，模型的拟合较佳且显著（ΔF = 11.020，p = 0.001）。个人怀旧与地区的交互项显著（回归系数为−0.07，p = 0.001）。这表明，地区的不同会影响个人怀旧对产品态度的回归系数大小，并且地区起到显著的负向调节作用。即个人怀旧对产品态度有正向的影响，而台湾地区消费者的个人怀旧对产品态度的影响要比大陆地区消费者强烈。因此，H4 成立。

根据以上的数据分析结果进行整理，统计出各假设检验的结果如表 7 所示。

表 7 本研究假设检验结果

| 假设 | 检验结果 |
|---|---|
| H1：个人怀旧与产品态度之间存在显著的正相关关系 | 成立 |
| H2：人际怀旧与产品态度之间存在显著的正相关关系 | 不成立 |
| H3：家庭怀旧与产品态度之间存在显著的正相关关系 | 成立 |
| H4：不同地区对个人怀旧和产品态度之间的关系有调节作用 | 成立 |
| H5：不同地区对人际怀旧和产品态度之间的关系有调节作用 | 不成立 |
| H6：不同地区对家庭怀旧和产品态度之间的关系有调节作用 | 不成立 |
| H7：不同年龄消费者在个人怀旧上有显著差异 | 不成立 |
| H8：不同年龄消费者在人际怀旧上有显著差异 | 成立 |
| H9：不同年龄消费者在家庭怀旧上有显著差异 | 不成立 |

# 5 结论及建议

本文根据中西方学者对怀旧营销的研究文献，发现鲜有学者探讨不同怀旧倾向与怀旧产品态度之间的关系。尤其是在中国怀旧市场的研究中，学者们更注重怀旧在营销中的应用，但少有学者根据中国消费者的怀旧倾向分别进行探讨。笔者认为，这一研究对于消费者市场细分有着极大的意义。此外，目前还没有学者以地区为调节变量探讨怀旧与产品态度之间的关系。因此，本文主要研究讨论三种怀旧倾向与消费者产品态度之间的关系，同时进一步讨论地区对其关系的调节作用，同时还探讨了不同年龄的消费者所拥有的三种怀旧倾向是否有差异。

综合以上对分析结果的讨论，可以得知：

（1）大部分学者认为提高消费者的怀旧倾向就能够提高消费者的产品态度，而根据本研究的结果显示，要提高消费者的产品态度还需要从不同怀旧倾向分类着手。在三种怀旧倾向分类中，只有个人怀旧和家庭怀旧会对产品态度产生明显的正向影响，即当消费者的个人怀旧和家庭怀旧倾向越强，其对怀旧产品的态度也越强。其中，个人怀旧对产品态度的影响最大。

针对该结论提出以下建议：由于产品态度是消费者行为的指标，因此，为了促使有效的怀旧产品购买行为，需要增强消费者对怀旧产品的态度，即营销者应该重视产品能够唤起的消费者的个人怀旧和家庭怀旧倾向。产品要能够勾起消费者对年轻时的回忆以及对家庭、朋友的回忆，只有把握这两个方向才能够更容易让消费者对怀旧产品产生购买意愿。营销的方式可以从广告和产品本身两个方面入手。在广告宣传方面应注重家人的陪伴、家庭的温暖、朋友的友谊等要素，营造一种幸福、温暖、轻松的氛围。这方面成功的营销案例有一汽奔腾的“让爱回家”系列广告。该广告唤起了人们对父母和家庭的思念，每次看到一汽奔腾，就会想起该广告，并产生一种温暖的感觉，容易促使消费者购买该品牌。对于产品本身可以从包装或者产品入手。产品的包装可以沿用从前生活中出现的事物和元素。例如可以参考可口可乐推出的昵称瓶、台词瓶、歌词瓶等，用曾经比较流行的歌词和台词，如周杰伦等歌手的歌词或者电视剧《情深深雨濛濛》里的经典台词，容易勾起人们对自己年轻时的回忆，更容易使消费者产生情感冲动购买产品。在产品方面，例如服饰与电影，可以从产品内容方面进行怀旧内容的创新。服饰的设计可以采用“80 后”“90 后”小时候经常玩的超级玛丽、魂斗罗等游戏人物元素。

（2）不同地区和不同年龄之间的个人怀旧和家庭怀旧并没有显著的差异，所以不需要考虑不同地区和年龄的消费者的怀旧倾向强度不同，会对产品态度造成不同的影响。但是值得注意的是，地区能够调节个人怀旧对产品态度的影响。根据本研究的结果，如果怀旧消费市场在台湾地区，个人怀旧对消费者产品态度的影响会比在大陆地区更加积极。

针对这一结论的建议是：海峡两岸资本来往密切，有意愿在两岸开展怀旧营销活动的商家除了要注重激发消费者的个人怀旧和家庭怀旧倾向之外，还可以针对台湾地区的消费者推出能够唤起消费者的个人怀旧倾向的产品。例如展现个人成长过程的电影、拥有时代感封面的书籍等。

（3）本研究还证实了来自不同地方、不同年龄的消费者的人际怀旧有明显差异，但是该怀旧类型对产品态度没有显著的影响，而地区对产品态度具有显著的影响。依照目前两岸现况、互动模式与本研究结果，两岸怀旧产业可以运用台湾地区文创人才先在台湾地区做怀旧产品的测试，然后在大陆全面推广，共谋产业的突破与发展。

## 〔参考文献〕


[1] 戴锦华. 隐形书写——90 年代中国文化研究 [M]. 南京：江苏人民出版社，1999：101-102.

[2] 王宏图. 都市叙事与欲望书写 [M]. 桂林：广西师范大学出版社，2005：129.

[3] McCann W. H.. Nostalgia：A Review of the Literature [J]. Psychological Bulletin，1941（38）：165-182.

[4] Ironson C.L.. Nostalgia-Based Promotion：Past Perfect [J]. Imprint（Summer），1999：48-55.

[5] Aurélie Kessous，Elyette Roux. Consumer-Brand Relationships：A Contrast of Nostalgic and Non-Nostalgic Brands [J]. Psychology Marketing，2015，32（2）：187-202.

[6] 张义，孙明贵. 消费者怀旧情感研究述评 [J]. 中国流通经济，2011（9）：94-99.

[7] Holbrook M. B.. Nostalgia and Consumption Preferences：Some Emerging Patterns of Consumer Tastes [J]. Journal of Consumer Research，1993，20（2）：245-256.

[8] Reisenwitz T. H.，Iyer，R. & Cutler B.. Nostalgia Advertising and the Influence of Nostalgia Proneness [J]. The Marketing Management Journal，2004，14（2）：55-66.

[9] 何佳讯. 我们如何怀念过去？中国文化背景下消费者怀旧倾向量表的开发与比较验证怀旧倾向与怀旧产品购买行为研究 [J]. 营销科学学报，2010（10）：30-50.

[10] 丁家永. 探究心理特征把握消费潮流：再谈“80 后”一代消费心理与行为特征研究 [J]. 市场观察，2007（5）：20-21.

[11] 萧至惠. 操弄怀旧情愫真能为旅游产品增值？[J]. 户外游憩研究，2013，26（1）：31-68.

[12] Davis F.. Yarning for Yesterday [M]. New York，NY：The Free Press，1979.

[13] Peters R.. Reflections on the Origin and Aim of Nostalgia [J]. Journal of Analytical Psychology，1985，30（2）：135-148.

[14] Goulding C.. Romancing the Past：Heritage Visiting and the Nostalgic Consumer[J]. Psychology & Marketing，2001，18（6）：565-592.

[15] Holbrook M. B. & Schindler R. M.. Echoes of the Dear Departed Past：Some Work in Progress on Nostalgia [J]. Advances in Consumer Research，1991（18）：330-333.

[16] 熊兵. 消费者怀旧理论述评 [J]. 黑龙江对外经济贸易，2009（10）：90-148.

[17] 黄强. 基于怀旧情感的品牌认知对怀旧消费行为形成的影响研究 [D]. 上海：东华大学硕士学位论文，2014.

[18] 路曼曼. 中国背景下消费者怀旧测量及与老品牌信任关系的初步研究 [D]. 上海：华东师范大学硕士学位论文，2008.

[19] Goulding C.. An Exploratory Study of Age Related Vicarious Nostalgia and Aesthetic Consumption [J]. Advances in Consumer Research，2002（29）：542-546.

[20] Bambauer-Sachse S.，Gierl H.. Effects of Nostalgia Advertising through Emotions and the Intensity of the Evoked Mental Images [J]. Advances in Consumer Research，2009（36）：391-398.

[21] Pascal V. J.，Sprott D. E. & Muehling D. D.. The Influence of Evoked Nostalgia on Consumer's Responses to Advertising：An Exploratory Study [J]. Journal of Current Issues and Research in Advertising，2002，24（1）：39-49.

[22] Brown S., Kozinets R. V. & Sherry J. F.. Teaching Old Brands New Tricks: Retro Branding and the Revival of Brand Meaning [J]. Journal of Marketing, 2003, 67 (33): 19-33.

[23] 张莹，孙明贵. 消费者怀旧的理论基础、研究现状与展望 [J]. 财经问题研究，2011 (2): 28-33.

[24] Batcho K. I., DaRin M. L., Nave A. M. & Yaworsky R. R.. Nostalgia and Identity in Song Lyrics [J] . Psychology of Aesthetics, Creativity, and the Arts, 2008 (2): 236-244.

[25] Orth U.R., Bourrain A.. The Influence of Nostalgic Memories on Consumer Exploratory Tendencies: Echoes from Scents Past [J]. Journal of Retailing and Consumer Services, 2007 (6): 1-15.

[26] Darrel D. Muehling, David E. Sprott & Abdullah J. Sultan. Exploring the Boundaries of Nostalgic Advertising Effects: A Consideration of Childhood Brand Exposure and Attachment on Consumers' Responses to Nostalgia-themed Advertisements [J]. Journal of Advertising, 2014, 43 (43): 73-84.

[27] 段祺. 怀旧广告类型对消费者购买意愿的影响研究——怀旧倾向的调节效应 [D]. 杭州：浙江工商大学硕士学位论文，2015.

[28] Holak S. & Havlena S.. Nostalgia: An Exploratory Study of Themes and Emotions in the Nostalgia Experience [A]. In J. F. Sherry & B. Sternthal (eds.). Advances in Consumer Research [C]. 1992 (19): 380-387.

[29] Sierra J. J., McQuitty S.. Attitudes and Emotions as Determinants of Nostalgia Purchase: An Application of Social Identity Theory [J]. Journal of Marketing Theory and Practice, 2007, 15 (2): 99-112.

[30] 李天笑. 怀旧产品感知质量对品牌忠诚的影响研究 [D]. 大连：东北财经大学硕士学位论文，2013.

[31] 张莹. 消费者怀旧产品购买行为主要影响因素的实证研究 [D]. 上海：东华大学硕士学位论文，2011.

# The Research of Nostalgia Consumptions on the Cross-strait's "80s" and "90s" Generations

Xianyang Zeng [1] Dongru Wu [2] Wenjuan Wang [3]

(Business School of Shantou University, Shantou, Guangdong, 515063 [1][3];

Business School of Huaqiao University, Quanzhou, Fujian, 362021 [2])

**Abstract**: People get used to recalling the past, which arouses interests of socialists and psychologists. Western scholars failed to explore the function and application of the psychology of consumer nostalgia in marketing until the 1990's. This study discusses about consumer's attitude towards nostalgic products and the difference of nostalgic proneness between different age groups among "80s" and "90s" generations. Besides, this article proposes a new research model which considers the region as a moderator between nostalgic proneness and consumer's attitude to nostalgic product. This study surveys "80s" and "90s" generation in Mainland China and Chinese Taiwan. One-way ANOVA and regression analysis was applied to analyze the 828 collected samples. The result shows that personal nostalgia and family nostalgia have significant positive effects on consumer attitude to nostalgic products and region do moderates the relationships between personal nostalgia and consumer attitude. Furthermore, there is no significant difference of consumer's personal nostalgia and family nostalgia among regions and ages, while differences exist in interpersonal nostalgia. To further develop and progress nostalgia industries in both Mainland China and Chinese Taiwan, this study suggested that nostalgia industries across the strait should invite Taiwanese art talents to design and test nostalgic products first in Taiwan then launch them in Mainland China.

**Key Words**: Nostalgic Proneness; Consumer Attitude to Nostalgic Products; The Cross-Strait; Moderating Effect

**JEL Classification**: M31

# 两岸企业

# 中国台湾地区企业经理干部外派大陆适应度与工作投入关系研究

李进明

（汕头大学商学院，广东汕头，515063）

[摘　要] 本研究的目的是探讨中国境外的适应和台湾地区管理人员的工作投入之间的关系。返回问卷的统计分析结果如下：①海外适应维度包括四个因素：工作适应、生活适应、环境适应和安全适应。工作投入维度包括两个因素：工作投入和工作认同的重要性。②四个因素中，生活适应是海外家庭帮助者最为重视的因素之一。③四个因素均与工作投入变量显著相关。工作适应、环境适应和生活适应三项是对认同工作重要性变量达到显著影响的海外适应变量。④结果表明，老年已婚者与儿童最为强调环境适应。然而，非已婚青年女性最注重的是安全适应。

[关键词] 经理；海外适应；工作投入

[JEL 分类] M19

## 1　绪　论

### 1.1　研究背景与动机

全球化转变及世界经济环境以及科技的进步，不仅大幅缩短了不同区域间的距离隔阂，更使全球各国产业间的信息、资金更易取得与转移。各国企业的活动迅速地由本国生产向外国输出的贸易形态，转换成企业直接对外投资在当地生产、销售，使得跨国企业成为世界经济的发展主流。[1] 国际化是经济发展的潮流，而中国台湾地区自然也不可或缺。台湾地区内需市场有限，天然资源不足；近年来，又因为岛内岛外经济的急剧变化，台湾当局对经济的管制渐渐自由化，并鼓励国际化。岛内厂商以往关税保护的堡垒慢慢地失去，面临岛外物美价廉的商品竞争。再加上岛内劳动力短缺、人工成本上扬、经营环境劣化等不利因素，加大了企业经营的压力。在多重不利于经营的因素影响下，企业只好纷纷赴岛外设厂、投资。[2] 尤其是对于大陆地区的投资，更是犹如过江之鲫一般。

虽然国际化企业可在不同区域间的差异中创造机会，但是国际企业人比本土企业人则需面对更加多样化的挑战。企业国际化人才培育也面临很大的挑战。[3] 根据 Tung 针对美国 80 家国际企业的研究，有 10%~20%的外派经理人因为无法有效执行驻外任务而被遣回总公司或解雇。Zeria 和 Banai 于 1985 年的研究报告则估计：外派人员在任务达成前被遣回总公司者的比例在 20%~

[项目基金] 本文受广东省人文社会科学重点研究基地——汕头大学粤台企业合作研究院重大研究项目赞助。

[作者简介] 李进明（1962—），男，中国台湾人，管理学博士，汕头大学商学院副教授，兼任汕头大学粤台企业研究院粤台企业组织研究所所长，研究方向：市场营销与品牌管理。E-mail：jmli@stu.edu.cn。

50%，而每一位失败的外派人员平均损失为5.5万~15万美元。[4] 虽然台湾地区与大陆地区的语言相通，但仍有文化上的差异，使许多企业不得不铩羽而归。[5] 因此，本研究借由大陆地区适应与工作投入关系的观点，探讨台湾地区企业经理干部外派大陆适应度与工作投入关系的研究。

### 1.2 研究目的

本文的主要研究目的如下：

（1）探讨台湾地区母公司经理干部外派大陆子公司人口统计变项与海外适应、工作投入的关系。

（2）探讨台湾地区母公司经理干部外派大陆子公司海外适应与工作投入的关系。

## 2 相关文献探讨

### 2.1 海外适应文献探讨

由于社会、经济、文化、政治以及宗教等因素与当地的生活有相当大的差异，导致许多外派人员在工作与生活适应及身心健康上常常产生问题或是困扰。因此，对这些短期居留者而言，从初到一个不熟悉的新环境到逐步发展出一套新的生活适应模式，其间包括了许多跨文化适应的改变。在海外适应的相关理论与研究上，外派人员面对陌生或不熟悉环境及文化背景的差异，所产生的焦虑或心情不适的感觉即称为文化冲击。[6] 换言之，个人在进入新环境后由于必须经常面对不确定的情况，而对某些行为的接受性与适当性常不知如何判断。因此，个人在调适过程中常需借由对行为价值判断的学习以降低不确定性。Schell 和 Soloman（1996）提出外派人员适应循环期，指出外派人员的适应期大约为一年半，可分为赴任前阶段、到任后阶段、文化冲击阶段以及适应阶段。[7]

海外适应的构面涵盖了外派人员对于派驻国所主观感受到的生理满足程度、工作胜任程度以及异国文化价值的感觉程度。[8] 而 Black 和 Mendenhall（1993）则将外派人员的海外适应区分为工作适应、互动适应及总体生活三个构面。[9] 外派人员的适应问题应探讨工作适应及非工作适应两方面，这些因素包括外派人员特质、条件、工作角色与全球化企业的管理方式及组织形态。[10]

研究海外适应最著名的理论为"U形海外适应理论"（The U-curve Theory of Adjustment），此理论主要探讨驻外时间长短与海外适应之间的关系。[11][12] 首先提出此观点的是 Lysgaard（1955），他的研究以200多位旅居美国的挪威籍福尔布莱特基金交换的学者为对象，他提出跨文化适应有三个不同阶段：初期的适应、危机期及恢复的适应。他指出这三个阶段呈现U形曲线，而整体的适应期约在20个月，其中U形的底部介于6~18个月。在 Lysgaard 的研究之后许多学者陆续进行相关研究，关于U形海外适应理论的大规模修正及理论架构提出，以 Black 和 Mendenhal 的研究最为著名。Black 和 Mendenhal 指出U形海外适应理论主要包括四个时期：[13]

（1）蜜月期：此情况发生在抵达后数周内，旅居者对旅居地的文化感到新奇与兴奋。在与当地人士进行互动时，当地人士多能体谅及包容因不熟悉所产生的不适当行为。

（2）幻灭期或文化冲击期：此阶段新进者必须认真应付每日真实的状况，此阶段的特征是挫折和对地主国及人员产生敌意，因为他发现过去的行为不适合新的文化。

（3）适应期：这个阶段因旅居者获取了语言技巧和能力，逐渐适应旅居地的文化及行为规范，并与当地人士逐渐建立起良好关系，所以彼此之间的互动越来越好，海外适应情况逐步向上提升。

（4）精进期：旅居者完全适应旅居地，能适当地完成必须的行为，并且不用再为文化差异而焦虑，且个人的能力能在旅居地得到完全发挥。

U形海外适应理论，探讨的是具体的海外适应现况描述，而非羁旅者由一个状态移至另一个状态的理论架构。为了进一步探讨羁旅者在面对新文化时如何学习是适当的，是可以被接受的，许多研究海外适应的学者使用“社会学习理论”进行探讨。Black 和 Mendenhall 在综合前人研究的基础上指出，在了解驻外管理人员跨文化学习、训练与适应上，社会学习理论提供了一个扎实的理论基础。[9] 社会学习理论认为，人类的认知、技能、态度以及观念的获得，多数来自间接的经验。其主要的历程是，学习者在社会情境中，经由观察别人的行为及其行为后果，而间接学到特定行为。它的理论基础来自仿效学习，与传统上根据增强理论而来的制约学习不同的是，仿效学习论者发现，人类行为的塑成不是完全依赖外物刺激或者是追求一些预期的外物刺激而致，人类可以借由观察取得的信息，在内在的认知体系中，揣摩各种可能的影响进而决定其行为。其理论的重要概念有三个：交互决定论、观察学习和自我控制。

本文的主要研究目的是了解外派经理人的人格特质对其外派工作的海外适应的影响。本研究采用甘佩姗所提出的生活适应、工作适应与互动适应为海外适应的构面。[14] 海外人员海外适应问题须面对跨文化适应的问题（Caligiuri，2000）。根据康亚佩的研究，其由原熟悉的环境转换到另一环境，面临一种角色间的转换，在企业内服务的过程中，必会经历组织社会化，政府、企事业单位与劳工个人若在社会化前预备期准备完善，可以减少在工作或组织上可能的不确定性因素。[11]

## 2.2 工作投入相关文献探讨

对于工作投入的相关研究，起源于 20 世纪 60 年代，但对这个名词说明其定义和衡量方式，则是由 Lodahl 和 Kejner 先行。[10] 他们整合早期心理学的“自我投入”以及社会学的“生活兴趣重心”两个概念来解释说明此名词的概念。[15] 之后，此研究也引发较多学者专注这方面的研究。

以往对工作投入的研究定义，大多认为工作投入是一个多构面的工作态度，[15] 并提出两种不同看法：①工作投入是个人心理认同工作的程度，或工作在个人自我印象中的重要程度。这个看法与 Dubin 所提出的生活兴趣中心的概念相似。Dubin 认为那些生活兴趣的重心不在工作上的人，不太在乎自己所从事的工作类别或成果的好坏。[15] ②工作投入是个人工作绩效影响自我尊严的程度。此观点和 Vroom 的自我投入相类似，他认为当个人自尊因绩效好而增加、绩效低而减少，工作投入就此产生。但工作投入是个人在工作以外的环境里，个人特质社会化过程的结果。工作投入与新教徒伦理和中产阶级规范是属于相类似的概念。[16]

此外，Lodahl 和 Kejner 所提出的定义可区分为两个概念：一个定义为“工作投入”，另一个称为“内在激励”，因其符合期望模式，也就是说当个人感觉到工作绩效可使个人自尊需求获得满足，而且工作绩效可经由个人努力获得时，则个人会对工作产生投入。[17]

另外，工作投入又可依其对工作观点的不同，区分为四种概念：[18] ①以工作为生活重心。工作投入是个人知觉整个工作状况的重要性或自我认定的中心，因为满足重要需求。②积极参与工作：高工作投入表示做决策机会越多，则自我感觉对公司成功的贡献越大。③以工作绩效为自尊的重心：工作投入是组织成员知觉工作上的绩效代表个人价值的中心程度。④工作绩效和自我概念一致时：工作投入是组织成员感觉到绩效和个人特征一致时，其成为自我概念的中心。

由上可知，工作所占的重要性，同时会影响工作投入、工作表现及其他工作行为。故工作投入不论在实证研究或理论建构上，都占有日益重要的地位。[19] 为进一步了解工作投入对于角色与情境的影响，Paullay、Alliger 和 Stone-Romero 将工作投入定义为“个人一心一意对待、承诺，以及关心自己目前的工作程度”。[20][21] 工作投入又区分为“投入工作角色”和“投入工作情境”。对于工作投入应有什么样的架构，亦发起了诸多的讨论。如 Brown 发展了一个关于工作投入的架构，包含前因、相关性因素和后果。[18] 由上述不同的观点来看，到目前为止工作投入具有多元的观点与丰富的研究成果，但也因此难做一个定论，获得人们都支持的理论架构。

### 2.3 海外适应与工作投入的关系

工作满意与海外适应的相关研究结果指出，工作满意与海外适应呈显著正相关，并且与当地同事相处感觉满意与对于工作本身及管理政策感觉较满意的外派人员，其生活适应及文化适应也较佳。[19][22] 换言之，外派人员海外适应对于工作绩效有显著正向影响。所以要取得高度工作绩效，除了考虑国际人力资源管理制度之外，还需要其他构面如海外适应等加以配合，才能充分发挥实施效应。在汪振昌以海外适应对其工作满足的整体性观点研究中，在人口统计变量中，不同的年龄与服务部门会对海外适应产生显著影响。[23] 在生涯规划里，积极进取与深谋远虑程度的不同，会对海外适应产生显著影响。在公司的外派人力资源政策里，不同的外派遴选、训练、薪资与回任制度均会对海外适应产生显著的影响。此外，在海外适应与工作满足的关系上，研究发现不同的工作适应与生活适应均会对工作满足产生显著的影响。

陈威有也指出，海外适应力（工作、生活、互动）越好的人，对员工工作业绩（工作成效、出缺勤、工作投入）越有帮助。[5] 因此母公司应在工作、生活、人际互动上适时地给予其援助，使其适应良好，让员工有好绩效，进而促使公司本身营运上的顺利。[24][20] 在戴德勇针对台商外派干部至大陆，对于海外适应采取激励措施（回国探亲、分红入股与前程发展）对工作投入（工作认同及工作参与）影响的研究发现，分红入股、前程发展对工作认同有正向影响，回国探亲对工作认同未达到显著水平；回国探亲、前程发展对工作参与有正向影响，分红入股对工作参与未达到显著水平。[19] 由上述文献可知，海外适应对于工作投入具有正向的影响作用。

## 3 研究方法

### 3.1 研究架构

本研究探讨台湾地区企业外派经理人在大陆地区的海外适应（工作适应、生活适应、雇主互动适应）对工作投入情形的影响。因此，本研究将以海外适应（工作适应、生活适应、互动适应）为自变量，以外派经理人对其工作投入（投入程度、认同工作重要性）情形为应变量，探讨其海外适应对工作投入的影响，并以人口统计变量检定海外适应与工作投入的影响。研究架构如图 1 所示。

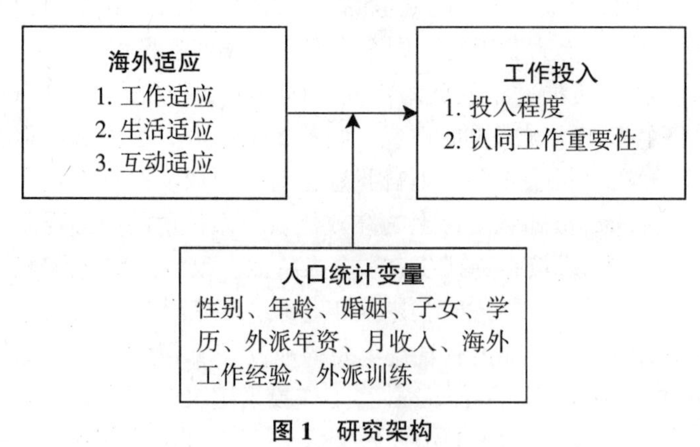


**图 1 研究架构**

## 3.2 研究假设

由本研究的研究架构，建立以下假设：

假设一：在大陆地区，台湾地区母公司经理干部外派大陆子公司的海外适应与工作投入相关。

假设二：在大陆地区，台湾地区母公司经理干部外派大陆子公司的人口统计变量与海外适应相关。

假设三：在大陆地区，台湾地区母公司经理干部外派大陆子公司的人口统计变量与工作投入相关。

## 3.3 操作性定义

### 3.3.1 海外适应

本研究海外适应的构面分为工作适应、生活适应与雇主互动适应：

（1）工作适应：工作适应是指外籍帮佣对工作内容的适应情形。

（2）生活适应：生活适应是指对当地情形的了解、熟悉该国语言、对当地生活（气候、衣食住行、医疗）适应情形，以及对当地人士的价值观的适应情形。

（3）雇主互动适应：互动适应是指与雇主的沟通方式、与工作相关人士相处的适应情形。

这一部分主要目的是借由自评，有助于本研究了解受测者主观感受到的工作适应、生活适应与互动适应情形。主要参考甘佩姗（2000）发展量表并予以修改，该部分量表采用李克特（Likert）五点尺度计分，每一题答“非常不同意”者给 1 分；“不同意”者给 2 分；“不能确定”者给 3 分；“同意”者给 4 分；“非常同意”者给 5 分，若该海外适应涵盖一题以上的题目将分数予以平均作为该海外适应的分数。

### 3.3.2 工作投入

本研究工作投入的量表共分为以下两项因素：

（1）投入程度：工作投入是指个人在行动上及感觉上在工作上的参与程度。

（2）认同工作重要性：认同工作重要性是指个人感觉工作在个人生活里重要性程度的意义。

本研究工作投入的量表采用 Lodahl 和 Kejner（1965）发展的工作投入量表，本量表经 Saal（1978）确认为目前研究工作投入这一概念的最佳量表，本量表经吕胜瑛和陈正沛（1983）译为中文后，实证结果取得两项因素构面，一项是“投入程度”，另一项是“认同工作重要性”。本研究将经适当修改后使用，并以李克特（Likert）加总尺度五点式量表，以不记名方式由受试者从“非常同意”“同意”“无意见”“不同意”“非常不同意”五项选择中，在适当方框中圈选，计分方式正向题目按 5、4、3、2、1 依序计分；反向题目按 1、2、3、4、5 依序计分；最后计算各向度得分与总量表得分。

## 3.4 研究样本

本研究对象是以在大陆的台湾经理人为研究对象，在问卷发放的过程中，为客观起见，本研究通过各地的台商协会协助，共发出 600 份问卷，结果共回收有效问卷 250 份，有效回收率为 33.33%。

## 3.5 分析方法

本研究主要是借由问卷调查法进行研究假设的检验，而问卷调查法有助于对不易直接观察的变量或构念之中的抽象关系，进行更有基础、可信赖的分析。为达到研究目的，本研究以 SPSS 10.0 for Windows 统计软件进行分析。在量表回收后，随之进行数据的检验，在检验数据方面，主要可区分为以下部分：

#### 3.5.1 叙述性统计

计算个人属性次数分配百分比，以了解样本基本分布情形。

#### 3.5.2 因素分析

因素分析的主要目的是在保有原有数据结构的大部分信息的前提下，以较少的构面来代表原来的变量。本部分利用 SPSS 10.0 版本来进行因素分析，其在进行前首先需经 Bartlett 球形检验及 KMO 检验（Kaiser–Meyer–Olkin Measure of Sampling Adequacy），检视其资料即本量表的题项是否适合做因素分析：若 KMO＞0.5，表示这组资料适合做因素分析；若 KMO＜0.5，表示不适合做因素分析。其次本研究采用主成分分析法进行参数估计，并选取特征值大于 1 的因素。此外，本研究以直交旋转中的最大变异法进行因素旋转，并进行题目筛选，删除解释率较低的题目，并抽取共同因素作构面命名、题目调整。

#### 3.5.3 信度分析

本研究的信度分析以 Cronbach's α 系数进行检验。Cronbach's α 系数用于分析各构面的内部一致性，以确认本量表的内部结构一致性与同构性。

#### 3.5.4 典型相关

本研究采用典型相关分析，主要是针对两组变量（如本研究的工作压力与教学质量），为了找出其各自的线性组合，并使这两个线性组合的简单相关程度达到最大，而进行的一种分析方式。

#### 3.5.5 多元回归分析

本研究使用多元回归分析的目的，仍是用于分析海外适应对工作投入的相关性与回归系数。

#### 3.5.6 变异数检验

为避免问卷填答者因个人背景变量与本研究各构面间的关系而影响研究效果，本研究先利用独立样本 t 检验与单因子变异数分析检验各项背景变量是否具有显著影响。

## 4 研究分析

### 4.1 描述性统计

本研究共回收有效问卷 250 份，经描述性统计分析后发现，本研究所回收的样本数据汇总如表 1 所示。各项说明如下：

（1）性别：大多以男性为主，共有 212 位，占抽样人数的 84.8%；女性仅有 38 位，占抽样人数的 15.2%。

（2）年龄：年龄大多在 24 岁及以下，有 144 人，占抽样人数的 57.60%；25~29 岁有 77 人，占抽样人数的 30.80%；30 岁及以上有 29 人，占抽样人数的 11.60%。

（3）婚姻：大多未婚，有 151 人，占抽样人数的 60.40%；已婚者有 99 人，占抽样人数的 39.60%。

（4）子女：大多为无子女者，共有 159 人，占抽样人数的 63.60%；有子女者共 91 人，占抽样人数的 36.40%。

（5）学历：初中及以下学历有 23 人，占抽样人数的 9.20%；高中学历有 126 人，占抽样人数的 50.40%；大学学历有 101 人，占抽样人数的 40.40%。

（6）在大陆时间（外派年资）：3 年及以下者有 75 人，占抽样人数的 30.00%；3~6 年者共有 146 人，占抽样人数的 58.40%；6 年及以上者共有 29 人，占抽样人数的 11.60%。

（7）月收入（新台币）：月收入在 35000 新台币及以下者有 69 人，占抽样人数的 28.87%；月

**表 1　人口统计变量描述性统计汇总**

| 题项 | 变量 | 人数（人） | 百分比（%） | 题项 | 变量 | 人数（人） | 百分比（%） |
|---|---|---|---|---|---|---|---|
| 性别 | 男性 | 212 | 84.80 | 在大陆时间 | 3 年及以下 | 75 | 30.00 |
| | 女性 | 38 | 15.20 | | 3~6 年 | 146 | 58.40 |
| 年龄 | 24 岁及以下 | 144 | 57.60 | | 6 年及以上 | 29 | 11.60 |
| | 25~29 岁 | 77 | 30.80 | 月收入（新台币） | 35000 及以下 | 69 | 28.87 |
| | 30 岁及以上 | 29 | 11.60 | | 35001~70000 | 155 | 64.85 |
| 婚姻 | 未婚 | 151 | 60.40 | | 70001 及以上 | 15 | 6.28 |
| | 已婚 | 99 | 39.60 | 海外工作经验 | 是 | 33 | 13.20 |
| 子女 | 无子女 | 159 | 63.60 | | 否 | 217 | 86.80 |
| | 有子女 | 91 | 36.40 | 外派训练 | 是 | 227 | 90.80 |
| 学历 | 初中及以下 | 23 | 9.20 | | 否 | 23 | 9.20 |
| | 高中 | 126 | 50.40 | 合计：250 人 | | | |
| | 大学 | 101 | 40.40 | | | | |

注：“月收入”一项总人数为 239 人。

收入在 35001~70000 新台币者共有 155 人，占抽样人数的 64.85%；月收入在 70001 新台币及以上者有 15 人，占抽样人数的 6.28%。

（8）海外工作经验：曾到其他国家工作者有 33 人，占抽样人数的 13.20%；未曾到其他国家工作者有 217 人，占抽样人数的 86.80%。

（9）外派训练：曾受过外派训练者有 227 人，占抽样人数的 90.80%；未曾受过外派训练者有 23 人，占抽样人数的 9.20%。

## 4.2　因素分析

进行因素分析前需先经 Bartlett 球形检验及 KMO 检验。结果显示，本研究的海外适应构面的 KMO 值为 0.80，大于 0.7，球形检验卡方值为 0.000 达到显著水平（$p<0.05$）；工作投入构面的 KMO 值为 0.71，大于 0.7，球形检验卡方值为 0.000 达到显著水平（$p<0.05$）。显示本研究所收回的资料适合进行因素分析（见表 2）。

**表 2　KMO 值与显著性汇总**

| 构面 | KMO 值 | 显著性 |
|---|---|---|
| 海外适应 | 0.80 | 0.000 |
| 工作投入 | 0.71 | 0.000 |

海外适应的因素分析结果显示，总解释变异量为 60.96%，并共提取出四个因素，其中原有的互动适应区分成两个因素，本研究分别命名为“环境适应”与“安全适应”，说明如下：

（1）因素一命名为“工作适应”：工作适应是指外籍帮佣对工作内容的适应情形。

（2）因素二命名为“环境适应”：环境适应是指对当地环境如气候、衣食住行、医疗等方面的适应情形。

（3）因素三命名为“生活适应”：生活适应是指对当地情形的了解、熟悉该国语言、对当地人士价值观的适应情形。

（4）因素四命名为“安全适应”：安全适应是与相关人士相处时安全性适应情形。

工作投入的因素分析结果显示，总解释变异量为69.30%，并共提取出两个因素，其与原架构中的因素一致，因此本研究未再予以重新命名。以原构面名称为名：

（1）投入程度：工作投入是指个人在行动上及感觉上在工作中的参与程度。

（2）认同工作重要性：认同工作重要性是指个人感觉对工作在个人生活里重要性程度的意义。

## 4.3 信度分析

本研究是以Cronbach's α值求得问卷全量表与分量表的内部一致性系数，以检验问卷的信度，所得结果显示海外适应量表Cronbach's α值为0.87、工作投入量表Cronbach's α值为0.84，各子构面的Cronbach's α值也皆达0.7以上，可见本研究具有良好的信度（见表3）。

**表3 信度分析汇总**

| | | Cronbach's α 值 | |
|---|---|---|---|
| 海外适应 | 工作适应 | 0.81 | 0.87 |
| | 环境适应 | 0.75 | |
| | 生活适应 | 0.76 | |
| | 安全适应 | 0.84 | |
| 工作投入 | 投入程度 | 0.77 | 0.84 |
| | 认同工作重要性 | 0.82 | |

## 4.4 典型相关分析

典型相关分析主要是针对两组变量（如本研究的海外适应与工作投入），为了找出其各自的线性组合，并使这两个线性组合的简单相关程度达到最大而进行的一种分析方式。由于典型相关分析，可能会产生好几对线性组合的关系，最多可以于两组变量中，涵盖变量最少的一组，其变量的个数一样。因此，本研究典型相关分析的结果，在两组变量分别包含四个因素与两个因素之下，共产生两组线性组合关系，其各项系数如表4所示。

**表4 海外适应与工作投入典型相关分析**

| 海外适应 | | | 工作投入 | | |
|---|---|---|---|---|---|
| 控制变量（X变量） | 典型因素 | | 效标变量（X变量） | 典型因素 | |
| | $\chi_1$ | $\chi_2$ | | $\eta_1$ | $\eta_2$ |
| 工作适应 | 0.96 | -0.17 | 工作投入 | 0.93 | 0.38 |
| 环境适应 | 0.84 | -0.03 | | | |
| 生活适应 | 0.87 | 0.50 | 认同工作重要性 | 0.94 | 0.34 |
| 安全适应 | 0.54 | -0.17 | | | |
| 变异数（%） | 66.66 | 27.66 | 变异数（%） | 87.05 | 12.96 |
| 重叠 | 0.77 | 0.04 | 重叠 | 0.86 | 0.06 |
| | | | $\rho_2$ | 0.99 | 0.45 |
| | | | $\rho_1$ | 0.99 | 0.67 |

由表 4 可以发现，两个典型相关系数均达 0.05 以上的显著水平，第一个典型相关系数为 0.99（$p<0.05$），第二个典型相关系数为 0.67（$p<0.05$），四个控制变量主要通过两个典型因素影响到效标变量（因变量）。

由表 4 可以看出，典型系数亦即各因素的线性组合系数，在第一对的关系中可以看到，当工作适应、环境适应与生活适应越高时，其在投入程度与认同工作重要性上也越高。而在第二对的关系中，良好的生活适应可产生正向的工作投入与认同工作重要性。由此可见，在大陆的台湾地区经理人，其最重视的是生活上的适应，且远高于其他因素。

## 4.5 逐步回归分析

本研究使用多元回归分析的目的，仍是用于分析海外适应对工作投入的相关性与回归系数。利用此法，可将贡献度不足的预测变量移除，直到所有变量均达到标准为止。

经过整理之后，本研究汇总如表 5 所示。由表 5 可以看出，对投入程度变量达到显著影响的海外适应变量有工作适应、环境适应、生活适应与安全适应四项。对认同工作重要性变量达到显著影响的海外适应变量有工作适应、环境适应与生活适应三项。

**表 5 回归分析汇总**

| 投入程度 | | | | 认同工作重要性 | | | |
|---|---|---|---|---|---|---|---|
| | 标准化 β 系数 | 标准误 | t | | 标准化 β 系数 | 标准误 | t |
| （常数） | | 0.09 | 6.03* | （常数） | | 0.06 | 8.33* |
| 工作适应 | 0.80 | 0.04 | 23.73* | 工作适应 | 0.31 | 0.02 | 9.94* |
| 环境适应 | 0.27 | 0.04 | 9.22* | 环境适应 | 0.15 | 0.02 | 5.62* |
| 生活适应 | 0.17 | 0.03 | 5.56* | 生活适应 | 0.58 | 0.02 | 21.07* |
| 安全适应 | 0.14 | 0.02 | 6.31* | 安全适应 | 0.02 | 0.01 | 0.96 |

注：* 表示 $p<0.01$。

然后，再将回归系数予以标准化，即将所有变量的回归系数转换成标准化（z 分数）形式表示，使所用的测量单位相同，来进行比较。结果发现，在投入程度方面，工作适应的标准化回归系数为 0.80，环境适应的标准化回归系数为 0.27，生活适应的标准化回归系数为 0.17，安全适应的标准化回归系数为 0.14。由此可见，工作适应为影响投入程度的最重要因素。在认同工作重要性方面，工作适应的标准化回归系数为 0.31，环境适应的标准化回归系数为 0.15，生活适应的标准化回归系数为 0.58，安全适应的标准化回归系数为 0.02（安全适应必达显著水平）。由此可见，生活适应为影响认同工作重要性的最重要因素。

再由 $R^2$ 改变量予以分析，$R^2$ 改变量是用来衡量自变量是否为因变量良好的估计值，其介于 1~0，如果 $R^2$ 改变量越大，则表示自变量为因变量良好的估计值。因此，本研究海外适应的 $R^2$ 改变量达 0.91，而工作投入的 $R^2$ 改变量达 0.93，显示本研究的各项自变量为各因变量的良好估计值。

此外，本研究的各项变量的标准误皆小于 0.1，可见本研究的样本数据并未存在过大的误差。因为标准误是用于测量检定统计量的值在不同样本间的变化程度，它是一个统计量取样分配的标准偏差。例如，平均数的标准误即为样本平均数的标准偏差。

因此，本研究所建立的回归式是可获得信赖的。据此，本研究建立两条回归方程式：

（1）投入程度 = 0.05 − 0.90 × 工作适应 + 0.34 × 环境适应 + 0.19 × 生活适应 + 0.14 × 安全适应

（2）认同工作重要性 = 0.11 + 0.24 × 工作适应 + 0.13 × 环境适应 + 0.45 × 生活适应

## 4.6 变异数分析

本研究利用独立样本 t 检定与单因子变异数分析检验各项背景变量是否具有显著影响。而背景变量包括性别、年龄、婚姻、子女、学历、在大陆时间、月收入、海外工作经验、外派训练等。首先视其 F 检验的 p 值是否小于 0.05：小于 0.05 表示其具有显著差异，如果具有显著差异，则可进行多重比较分析，以了解其差异性；若 p 值大于 0.05，则表示未达到显著差异，也不需要再予以检验。各项背景变量的检验结果说明如下：

### 4.6.1 性别

本研究的抽样对象大多为男性，检验结果并未有显著差异。

### 4.6.2 年龄

在年龄方面，只有工作适应、环境适应与投入程度具有显著差异，且其皆为 30 岁及以上优于 25~29 岁的情况。

### 4.6.3 婚姻

在婚姻对海外适应与工作投入的检验上，仅环境适应与安全适应具有显著差异。其中在环境适应方面，已婚者的适应程度高于未婚者的适应程度。在安全适应方面，则未婚者的适应程度高于已婚者的适应程度。

### 4.6.4 子女

在子女对海外适应与工作投入的检检上，仅安全适应具有显著差异，而且其呈现无子女者对安全适应的适应程度高于有子女者。这一结果与婚姻的 ANOVA 检验结果相符。

### 4.6.5 学历

在学历对海外适应与工作投入的检验上，仅环境适应具有显著差异。多重比较结果显示，拥有大学学历者，其对环境适应的适应程度高于初中学历者。但初中与高中学历者，以及大学与高中学历者，并无法比较出其是否有差异。

### 4.6.6 在大陆时间

在大陆时间对海外适应与工作投入的检验上，有环境适应、安全适应与认同工作重要性三项具有显著差异。其中环境适应与认同工作重要性皆呈现出大陆 4 年以上的工作者优于 4 年以下的工作者。在安全适应方面，则为来大陆 4 年以上与 2 年以下的工作者高于 2~4 年的工作者。

### 4.6.7 月收入

在不同月收入对海外适应与工作投入的检验上，在工作适应、环境适应、安全适应与工作投入上具有显著差异。其中：

（1）工作适应与安全适应皆呈现月收入 70001 新台币及以上者优于 35000 新台币及以下者。

（2）环境适应则为 70001 新台币及以上者优于 35001~70000 新台币者，而 35001~70000 新台币者又优于 35000 新台币及以下者。

（3）工作投入则为 70000 新台币及以上者与 35001~70000 新台币者，皆优于 35001 新台币及以下者。

### 4.6.8 海外工作经验

在有无海外工作经验对海外适应与工作投入的检验上，各项变量皆具有显著差异。多重比较发现，有海外工作经验者在海外适应与工作投入上皆优于无经验者。

### 4.6.9 外派训练

在外派训练对海外适应与工作投入的检验上，工作适应、环境适应、投入程度与认同工作重要性四项具有显著差异。多重比较结果皆呈现出曾受训者优于未受训者。

# 5 研究结论与建议

## 5.1 研究结论

本研究主要的研究目的在于探讨中国台湾地区企业经理干部外派大陆地区适应度与工作投入关系研究，是否能适应大陆地区社会与互动状况，以及其对工作投入的影响。为此，本研究以问卷调查法进行资料收集，以下就分析过程提出本研究的研究结论。

### 5.1.1 海外适应与工作投入的建构因素检验

本研究以因素分析法探讨海外适应与工作投入的构成因素，结果显示海外适应共提取出四个因素，其中两个是“工作适应”“生活适应”，而原有的互动适应区分成两个因素，本研究分别命名为“环境适应”与“安全适应”。工作投入的因素分析结果共提取出两个因素，其与原架构中的因素一致，因此本研究未再予以重新命名。以原构面的“工作投入”与“认同工作重要性”作为后续分析依据。海外适应构面的总解释变异量为60.96%，工作投入的总解释变异量为69.30%，可见本研究具有良好的建构效度。

依据因素分析的结果进行信度分析，结果显示海外适应量表 Cronbach’s α 值为 0.87、工作投入量表 Cronbach’s α 值为 0.84，各子构面的 Cronbach’s α 值也皆达 0.7 以上，可见本研究具有良好的信度。

### 5.1.2 海外适应与工作投入的因果分析

本研究首先以典型相关分析进行组合系数的探讨，且在第一对的关系中可以看到，当工作适应、环境适应与生活适应越高时，其在投入程度与认同工作重要性上也越高。而在第二对的关系中，当工作适应、环境适应与安全适应呈现弱相关时，良好的生活适应也可产生正向的投入程度与认同工作重要性。由此可见，在大陆的台湾地区经理人，其最适应的是生活上的适应，且远高于其他因素。

其次本研究以逐步回归分析进行因果关系的检验，结果发现，对投入程度变量达到显著影响的海外适应变量有工作适应、环境适应、生活适应与安全适应四项，而 $R^2$ 改变量达 0.912，其中以工作适应影响最大。对认同工作重要性变量达到显著影响的海外适应变量有工作适应、环境适应与生活适应三项，$R^2$ 改变量达 0.926，而以生活适应影响最大。

据此，本研究建立两条回归方程式：

（1）投入程度=0.05+0.90×工作适应+0.34×环境适应+0.19×生活适应+0.14×安全适应

（2）认同工作重要性=0.11+0.24×工作适应+0.13×环境适应+0.45×生活适应

### 5.1.3 个人背景变量对海外适应与工作投入的影响

本研究是以 t 检验与 ANOVA 进行个人背景变量对海外适应与工作投入的影响分析。其具有差异性的结果摘要说明如下：

（1）41 岁及以上受测者在工作适应、环境适应与工作投入等项优于 31~40 岁的受测者。其可能原因为 41 岁以上的受测者在心智上与家庭观上都较为成熟，因此较易融入新的社会，同时对于工作投入也较为稳定。

（2）在环境适应方面，已婚者的适应程度高于未婚者的适应程度。在安全适应方面，则未婚者的适应程度高于已婚者的适应程度。其可能原因为已婚者在到职后，与原本的家庭分离，其环境改变的冲击较大，所以较未婚者更适应。

（3）无子女者对安全适应的适应程度高于有子女者，其可能原因为与婚姻状况相呼应，无子女者大多为未婚的年轻人，因此对于人身安全较为适应。

（4）拥有大学学历者，其对环境适应的适应程度高于初中学历者。拥有高学历者，其对于环境的要求大于低学历者，因此拥有大学学历者较初中学历者容易适应环境。

（5）在大陆时间对海外适应与工作投入的检验上，其中时间较长者在环境适应、安全适应与认同工作重要性等项皆高于时间较短者。由此可见，时间较长者，其经验较为丰富，也习惯大陆的社会与环境，故其在各项变量上皆呈现较优的分数。

（6）在月收入对海外适应与工作投入的检验上，收入较高者在工作适应、环境适应、安全适应与投入程度皆呈现月收入 70001 新台币及以上者优于 35000 新台币及以下者。环境适应则为 70001 新台币及以上者优于 35001~70000 新台币者，而 35001~70000 新台币者又优于 35000 新台币及以下者。工作投入则为 70000 新台币及以上者与 35001~70000 新台币者，皆优于 35000 新台币及以下者。其可能原因为在大陆的台湾经理人主要为了经济收益而远渡重洋，因此较高的工薪所得有助于提升其适应与付出的意愿。

（7）具有海外国家工作经验者与受过外派训练经验者，其在海外适应与工作投入各项皆优于无经验者。其可能原因是拥有海外国家工作经验者与受过外派训练经验者，在对于大陆地区社会与环境的适应上，由于生活与沟通上的经验，较易促使其产生较佳的适应能力与工作能力。

综上所述，本研究的研究假设的检验结果假设一至假设三成立，即在大陆的台湾经理人的海外适应与工作投入具有显著相关，且人口统计变量对海外适应与工作投入也具有显著相关。

## 5.2 研究建议

### 5.2.1 实务建议

由本研究的因素分析后划分出一个新的构面“安全适应”，可见外派经理人对于安全性的需求有增强的趋势。此外，这也在个人背景变量的检验中发现。在典型相关分析中，良好的工作生活适应是其最重要的典型因素，在回归分析中，亦可看出生活适应对认同工作重要性具有最大的影响。由此可见，在大陆的台湾经理人，其最适应的是生活上的适应，且远高于其他因素。

### 5.2.2 后续研究建议

本研究以实务的管理层面，并辅以学理进行相关研究。虽然本研究力求翔实与完善，但碍于研究资源的限制与以往文献研究不足等因素，以致在研究过程中尚有不足之处，有待后续研究者进行更深入的探讨。因此，对于未来研究有以下建议：

（1）本研究问卷研究对象是通过若干台商协会协助寻找的，其结果在“通则化”上仍有待检验。因此，后续研究者可考虑由不同类型的渠道进行比较研究。

（2）由于本研究的研究构面与衡量工具是针对本研究的研究目的而予以编修的。因此，后续研究者针对研究构面与问卷是否完善、是否适用于各个不同的对象等，再加以验证、澄清。

（3）本研究在研究资源方面有所限制，仅就海外适应面与工作投入面予以探讨，未深究其外派前的心理建议与工作后的感受。因此，未来后续研究者可再探讨其前因与后果的影响，使研究内容更为完整。

（4）本研究着重于普遍性的分析，对于各个抽样对象的个人属性差异性未做深入探究。后续研究者可依不同的属性差异，再深入探究各种不同属性的影响。

（5）本研究主要是以个人为研究单位，但因为相关议题可以发挥在组织层面上，故不需要特别锁定在个体上。因此，未来后续的研究者可更广泛地借由相关组织、部门等不同的角度，再进行深入探讨。

## 5.3 研究局限性

一篇在议题与方法上有限制的研究，基本上也导致了结论的适用性。因此，下面将分别陈述研究的议题与研究方法上的限制。

### 5.3.1 研究议题的限制

（1）分析架构的问题。借由过去的文献，本研究建立分析架构。然而，由于过去文献中并没有就本研究相关的构面进行严谨的区分，因此在构面区分上，主要是通过研究者的主观形成，所以在整合过程中，难保不会有所不当。

（2）研究对象的限制。本研究的问卷研究样本是通过若干台商协会寻找得到的，其结果在"通则化"上仍有待检验。因此，本研究的结果仍有待以不同的角度与研究对象再加以验证。

### 5.3.2 研究方法的限制

大致而言，问卷调查的缺点是仅在表面而不能深入，因此问卷本身是否能衡量出真实情况、抽样对象是否具有代表性等都是主题限制。本研究所使用的问卷虽然具有相当良好的信度与效度，但毕竟是研究者自行编修，因此仍有待进一步验证。此外，在个人背景属性方面的分析，由于本研究仅就可能影响的个人背景属性做多重比较，未再深入地探讨其可能产生的效果，因此，本研究无法对个人背景属性的干扰作用做详细性的分析。

## 〔参考文献〕


[1] 林彩梅. 多国籍企业论［M］. 中国台北：五南图书出版公司，1996.

[2] 吴青松. 国际企业管理——理论与实务［M］. 中国台北：智胜出版社，1999.

[3] 陈枝兰. 宏碁如何斥资培养国际企业人才［J］. 管理杂志，1998（283）：62-65.

[4] 潘朝扬. 外派人员人力资源管理的研究［D］. 中国台北：大叶大学事业经营研究所硕士学位论文，1994.

[5] 陈威有. 外派大陆人员海外适应力对员工工作绩效的影响［D］. 中国台北：大叶大学国际企业管理学研究所硕士学位论文，2003.

[6] Oberg K.. Culture Shock：Adjustment to New Cultural Environments［J］. Practical Anthropologist，1960（7）：177-182.

[7] Schell M. S. & Solomon T. M.. Capitalizing on the Global Workforce：A Strategic Guide for Expatriate Management［M］. Irwin Professional Publish，1996.

[8] 顾凤姿. 信息业驻外经理海外适应的研究［D］. 中国台北：政治大学未出版硕士学位论文，1993.

[9] Black J. S. & Mendenhall M.. Cross-cultural Training Effectiveness：A Review and a Theoretical Framework for Future Re-search［J］. Academy of Management Review，1992（15）：113-136.

[10] 张琦德. 中美日海外派遣人员之训练、领导及满意度之研究［D］. 中国台北：成功大学国际企业研究所硕士学位论文，1996.

[11] 康亚佩. 中国台湾地区外籍劳工适应问题因素分析及其甄试之意义［D］. 中国台北：东吴大学企业管理学研究所硕士学位论文，1999.

[12] Black J. S. & Mendenhall M. E. Global Assignments：Successfully Expatriating and Repatriating International Managers［M］. San Francisco：Jossey-Bass，1992.

[13] Black J. S. & Mendenhall M. E.. Evaluating the Performance of Global Managers［J］. Journal of International Compensation and Benefits，1992（1）：35-40.

[14] 甘佩姗. 台湾企业派外人员跨文化训练有效性之实证研究［D］. 中国台北：成功大学企业管理学系硕士学位论文，1999.

[15] Dubin R.. Industrial Worker's World：A Study of the Central Life Interests of Industrial Workers［J］. Social Problem，1956（3）：22-35.

[16] Blau G. J. & K. B. Boal. Conceptualizing How Job Involvement and Organization Commitment Affect Turnover and Absenteeism［J］. Academy of Management Review，1987，12（2）：288-300.

[17] Reitz H. J. & Jewell L. N.. Sex，Locus of Control，and Job Involvement：A Six-Country Investigation［J］. Academy of Management Journal，1979，22（1）：72-88.

[18] Brown S.P. A Meta-Analysis and Review of Organizational Research on Job Involvement［J］. Psychological

Bulletin，1996，120（2）：235-255.

[19] 戴德勇. 激励措施对工作投入的影响——以台商外派干部至大陆为例［D］. 中国台北：大叶大学国际企业管理学系研究所硕士学位论文，2003.

[20] 李其维. 皮亚杰心理逻辑学［M］. 中国台北：杨智出版社，1995.

[21] Blood M.R. & C.L. Hulin. Alienation Environment Characteristics and Workers Responses［J］. Journal of Applied Psychology，1967，51（3）.

[22] 高景彬. 驻外人员人力资源管理制度对海外适应与工作绩效影响之研究——以政府机关为例［D］. 中国台北：政治大学企业管理学研究所硕士学位论文，2000.

[23] 汪振昌. 外派人员海外适应及其工作满足之研究——以大陆设厂之台湾笔记本电脑业为例［D］. 中国台北：铭传大学管理科学研究所硕士学位论文，2002.

[24] Blau G.. Job Involvement and Organizational Commitment as Interactive Predictors of Tardiness and Absenteeism［J］. Journal of Management，1986（12）：240-257.

[25] 吴明隆. SPSS 统计应用实务［M］. 中国台北：松岗出版社，2002.

[26] Caligiuri M. P.. Selecting Expatriates for Personality Characteristics：A Moderating Effect of Personality on the Relationship between Host National Contact and Cross-cultural Adjustment［J］. Management International Review，2000，40（1）：61-80.

[27] Robinowitz D. T. S. Hall & J.G. Goodale. Job Scope and Individual Difference as Predictors of Job Involvement：Independent or Interactive?［J］. Academy of Management Journal，1977（2）：11.

# The Relationship between Overseas Adjustment and Job Involvement of the Managers of Taiwan in China

Jinming Li

(Business school of Shantou University，Shantou，Guangdong，515063)

**Abstract**：This study aims to explore the relationship between overseas adjustment and the job involvement of the managers of Taiwan in China. The results of statistical analysis on the returned questionnaires are as follows：①The overseas adjustment dimension included four factors：job adjustment，life adjustment，environment adjustment and safety adjustment. The job involvement dimension included two factors：job involvement and the importance of job identification. ②Among the four factors on the overseas adjustment dimension，life adjustment was most emphasized by the overseas domestic helpers. ③On the overseas adjustment dimension，the four factors are all significantly related to job involvement variables. Only work adjustment，environment adjustment and life adjustment are significantly related to the importance of work identification factor. ④ The results show that older age married people with children most emphasized the environment adjustment. However，non-married young women most emphasized the safety adjustment.

**Key Words**：Manager；Overseas Adjustment；Job Involvement

**JEL Classification**：M19

# 两岸经贸

# 海峡两岸经贸利益的分配评估及改善路径研究

吴凤娇

（闽南师范大学商学院，福建漳州，363000）

［摘　要］海峡两岸经贸合作促进了中国台湾地区总体福利的增加，但在台湾地区内部却存在产业分布、区域分布及受益阶层分布的利益分配不平衡现象。未来，大陆地区应促进两岸经贸各领域、各群体的广泛合作，充分利用福建自贸区进一步促进两岸服务业合作；加强同中国台湾南部地区的交流与合作；积极推动台湾青年、农民直接参与两岸经贸合作，从而改善两岸经贸利益在台湾地区内部的分配状况。

［关键词］海峡两岸；经贸利益；分配改善

［JEL 分类］R19

2008 年以来，随着海峡两岸经贸关系的日益密切，利益分配成为两岸关注的焦点。无论是从理论还是从实践层面均明显证明，两岸经贸合作给台湾地区带来了巨大利益。但在 2014 年 6 月，"两岸经贸图利财团、扩大贫富差距"等错误言论在台湾地区日益扩散，引发部分民众对两岸经贸合作进一步发展的疑虑与恐慌。值此形势下，科学、客观地评估台湾在两岸经贸往来中的利得，增进两岸民众对两岸经贸利益分配的认同，进一步扩大台湾地区民众的受益面和获得感，已不仅是推进两岸经贸更深层次合作的需要，而是关系到两岸关系和平发展大局的紧要问题。

## 1　海峡两岸经贸合作对台湾地区的总体利益分析

2008 年国民党执政后，两岸关系步入和平发展时期，两岸经贸合作也日益深入。两岸贸易和投资迅速扩大，尤其是大陆资本赴台湾地区投资取得突破；与此同时，两岸人员往来日益密切，大陆居民赴台湾地区旅游规模日益扩大，这有力地支撑着台湾地区经济的增长，促进了台湾地区总体福利的增加。

### 1.1　两岸贸易为台湾地区创造了巨额的贸易顺差

众所周知，台湾地区是资源、市场有限的"浅碟型"经济体，对外贸易顺差是拉动其经济增长的主要源泉。2008~2015 年，两岸贸易总额由 982.73 亿美元增加至 1153.92 亿美元，大陆是台湾地区第一大贸易伙伴和第一大出口市场。在两岸贸易发展过程中，由于两岸市场的不对等开放和大陆惠台贸易政策的影响，台湾地区对大陆贸易始终保持顺差的状态。八年间，台湾地区对大陆贸易顺差总额高达 2867.82 亿美元，高于台湾地区同期 2523.55 亿美元的对外贸易顺差。① 这意味着，如果没有两岸贸易，台湾地区对外贸易将整体呈逆差状态，对台湾地区经济增长将产生负

---

［基金项目］福建省统一战线理论研究会两岸关系理论漳州研究基地 2016 年课题研究成果。

［作者简介］吴凤娇（1975—），闽南师范大学商学院教授，台商研究中心副主任，经济学博士。

① 台湾国际贸易事务主管部门. 贸易统计查询数据库［EB/OL］. http：//cus93.trade.gov.tw/FSCI/.

向影响，台湾地区经济将无法达到现有状态。2008~2015 年两岸贸易统计数据如表 1 所示。

**表 1　2008~2015 年两岸贸易统计数据**

单位：亿美元

| 年　份 | 贸易总额 | | 台湾地区对大陆地区出口 | | 台湾地区自大陆地区进口 | | 贸易差额 |
|---|---|---|---|---|---|---|---|
| | 金额 | 同比（%） | 金额 | 同比（%） | 金额 | 同比（%） | |
| 2008 | 982.73 | 8.67 | 668.83 | 7.16 | 313.90 | 12.05 | 354.93 |
| 2009 | 786.71 | -19.95 | 542.48 | -18.89 | 244.23 | -22.20 | 298.25 |
| 2010 | 1128.80 | 43.48 | 769.35 | 41.82 | 359.45 | 47.18 | 409.89 |
| 2011 | 1275.55 | 13.00 | 839.59 | 9.13 | 435.96 | 21.28 | 403.64 |
| 2012 | 1216.21 | -4.65 | 807.14 | -3.87 | 409.07 | -6.17 | 398.06 |
| 2013 | 1243.76 | 2.27 | 817.88 | 1.33 | 425.88 | 4.11 | 391.99 |
| 2014 | 1301.58 | 4.65 | 821.19 | 0.41 | 480.39 | 12.80 | 340.80 |
| 2015 | 1153.92 | -11.34 | 712.09 | -13.28 | 441.83 | -8.02 | 270.26 |
| 合计 | 9089.26 | — | 5978.55 | — | 3110.71 | — | 2867.82 |

资料来源：根据台湾地区国际贸易事务主管部门数据整理。

### 1.2　两岸投资推动了台湾地区产业结构的升级和企业竞争力的提升

自 20 世纪 80 年代中期以来，台湾地区土地日益稀缺、劳动力成本不断攀升，再加上市场狭小，台湾地区投资经营的环境恶化、生存压力加大。在此背景下，台商纷纷选择到岛外进行直接投资。在大陆优惠政策的吸引下，再加上地缘相近、文化相似等因素，大陆成为台商投资、转移经营的主要地区。据相关机构统计数据显示，截至 2015 年底，台商赴大陆投资项目为 41686 件，投资总额为 1549.21 亿美元。[①] 随着台商对大陆投资的日益增加，台湾地区劳动力、土地稀缺的状况得以改善，而大陆市场的开拓也为其产业升级带来了直接的支撑，台湾地区产业结构顺利实现了由劳动密集型产业向技术、资本密集型产业的转变。

2009 年 6 月 30 日，台湾地区经济事务主管部门公布《大陆地区人民来台投资许可办法》与《大陆地区之营利事业在台设立分公司或办事处许可办法》，宣布正式开放 192 项陆资可投资的项目和领域，陆资入台正式启动，两岸双向投资新格局形成。截至 2015 年底，陆资赴台投资件数累计为 789 件，核准投资金额达 14.43 亿美元。[②] 陆资入台为台湾地区经济发展及产业升级引入“活水”，一定程度上弥补了台湾地区在有关领域的投资不足，增加岛内就业机会，有利于台湾地区企业竞争力的提升，也为两岸企业采用策略联盟、产业联盟的方式携手开拓全球市场创造了更多的契机。

### 1.3　两岸人民往来带动台湾地区旅游、交通、餐饮等相关产业发展

2008 年以来，随着两岸全面直接双向“三通”的实现及大陆居民赴台旅游政策的实施，两岸人员往来日益频繁。2015 年两岸人员往来规模达 985.61 万人次，其中，台湾地区居民来大陆 549.86 万人次，大陆居民赴台 435.75 万人次。大陆居民赴台旅游达到 340 万人次。[③] 大陆居民赴台

①② 台湾相关机构. 2015 年台湾投资统计月报［R］.

③ 台海网. 2015 年赴台旅游人数创新高［EB/OL］. http：//www.taihainet.com/news/media/social/2016-01-31/1661549.html.

旅游有力地带动了台湾地区的观光、交通、餐饮、购物、娱乐、医疗保健、金融、通信等产业发展，而且也为两岸旅游产业的合作创造了广阔的空间。

### 1.4 大陆惠台政策为台湾地区带来了明显的直接利益

为助力台湾地区经济和惠及台湾地区民众，表达对台湾地区人民的善意，促进两岸经贸合作，推动两岸关系和平稳定发展，大陆长期坚持对台“让利”的态度，实施了一系列对台单方面优惠政策，从而使台湾地区社会获得许多包括经济利益在内的直接利益。以大陆对台产品采购为例，2006~2008 年，大陆曾四次启动对台湾地区香蕉、柳橙等丰产滞销水果的紧急采购，极大地缓解了台湾地区果农的销售困境。2009 年以后，大陆对台湾地区农产品采购更由临时性救助措施发展到常态化贸易形式，极大地促进了台湾地区农产品对大陆的出口。除农产品之外，目前大陆对台湾地区电子信息、机械、石化、纺织及深加工食品等采购规模也不断扩大，以面板为例，2009~2014 年，大陆向台湾地区采购面板共 1.47 亿片，价值达 251 亿美元，平均每年采购量近 2500 万片。[①] 大陆对台产品采购，有效地带动了台湾地区出口增长，给台湾地区相关产业领域带来了突出的直接经济利益。

## 2 海峡两岸经贸利益在台湾地区内部的分配评估

两岸经贸合作给台湾地区带来的巨大利益是不争的事实，但由于两岸经贸合作仍面临台湾当局的政策限制，两岸经贸利益在台湾地区内部的分配存在产业分布、区域分布及受益阶层分布的不平衡。

首先，两岸经贸利益在台分配的产业分布主要以制造业为主。无论是从两岸贸易还是从两岸投资来看，制造业都居于主导地位。如表 2 所示，2014 年和 2015 年台湾地区对大陆出口的前十大产品全部来自制造业中的电机设备及其零件（如集成电路、内存、二极管、发光二极管、印刷电路等）、光学照相仪器及器具（如液晶装置、液晶装置零件、偏旋光性材料等）、化工原料（如对-二甲苯、乙二醇）等，其出口比重共达 40%以上。从台商对大陆投资来看，1991~2015 年，台商对大陆制造业投资占 77.21%，农林牧渔业不足 0.2%，服务业则占 20.79%（见表 3）。因此，制造业在两岸经贸利益的分配中处于绝对优势。而作为台湾地区主导产业的服务业虽然在两岸经贸合作中也取得了明显进展，2013 年台商对大陆服务业投资的比重一度达 43.02%，两岸服务贸易也有大幅度的增长，但由于台湾当局的政策限制及两岸服务贸易协议尚未实施，其在两岸经贸合作中所获利益与其主导产业地位不相称。

**表 2 2014~2015 年台湾地区对大陆出口前十大产品**

单位：百万美元；%

| 排序 | 商品名称及 HS 代码 | 出口贸易额 | | 占出口大陆比重 | |
|---|---|---|---|---|---|
| | | 2014 年 | 2015 年 | 2014 年 | 2015 年 |
| 1 | 其他集成电路（85423900） | 11966 | 11228 | 14.57 | 15.76 |
| 2 | 液晶装置零件（90139010） | 5692 | 4246 | 6.93 | 5.96 |
| 3 | 液晶装置（90138030） | 4930 | 3807 | 6.00 | 5.35 |

① 华夏经纬网. 大陆团 5 月将赴台采购面板：总额超过千亿元［EB/OL］. http：//www.huaxia. com /tslj/lasq/2015/04/4364744. html.

续表

| 排序 | 商品名称及HS代码 | 出口贸易额 | | 占出口大陆比重 | |
|---|---|---|---|---|---|
| | | 2014年 | 2015年 | 2014年 | 2015年 |
| 4 | 内存（85423200） | 2891 | 2910 | 3.52 | 4.09 |
| 5 | 印刷电路（85340000） | 2457 | 2304 | 2.99 | 3.23 |
| 6 | 液晶或发光二极管显的指示面板（85310000） | 1801 | 1520 | 2.19 | 2.13 |
| 7 | 对–二甲苯（290243000） | 1736 | 1107 | 2.11 | 1.55 |
| 8 | 太阳电池（85414030） | 1383 | 1066 | 1.68 | 1.50 |
| 9 | 乙二醇（29053100） | 1319 | 1051 | 1.61 | 1.48 |
| 10 | 偏旋光性材料所制片及板（90012000） | 1249 | 1018 | 1.52 | 1.43 |
| 合计 | | 35424 | 30257 | 43.12 | 42.48 |

资料来源：根据台湾地区国际贸易事务主管部门数据整理。

**表3 1991~2015年台商对大陆投资的产业分布**

单位：万美元；%

| 年份 | 农林牧渔业 | | 制造业 | | 服务业 | |
|---|---|---|---|---|---|---|
| | 金额 | 比重 | 金额 | 比重 | 金额 | 比重 |
| 1991~2007 | 24234 | 0.38 | 5804098 | 90.55 | 581297 | 9.07 |
| 2008 | 1556 | 0.15 | 876119 | 81.95 | 158282 | 14.27 |
| 2009 | 719 | 0.10 | 589208 | 82.49 | 112339 | 15.29 |
| 2010 | 756 | 0.05 | 1084082 | 74.16 | 350973 | 23.85 |
| 2011 | 448 | 0.03 | 1037539 | 72.17 | 385988 | 26.19 |
| 2012 | 923 | 0.07 | 751880 | 58.78 | 519103 | 40.09 |
| 2013 | 222 | 0.02 | 512052 | 55.72 | 397852 | 43.02 |
| 2014 | 269 | 0.03 | 657916 | 64.02 | 358207 | 34.67 |
| 2015 | 220 | 0.02 | 648557 | 59.15 | 441122 | 39.84 |
| 合计 | 29348 | 0.19 | 11961451 | 77.21 | 3221557 | 20.79 |

资料来源：根据《台湾投资统计月报》整理并计算得出。

其次，两岸经贸利益在台分配的区域分布呈现“北多南少”。两岸经贸利益内生于两岸经贸合作之中。目前，在两岸贸易、投资及人员往来等各个领域，台湾南部地区与大陆交流合作的广度和深度均不及台湾北部地区，呈现“边缘化”特征。“北重南轻”的两岸经贸合作现状自然也就造成经贸利益在台分配呈现“北多南少”的结果。从两岸贸易来看，台湾地区对大陆出口的产品主要集中在北部地区生产的电机设备、电子、光学、塑胶等领域，而南部地区主要生产出口农产品，由此台湾地区南部在两岸贸易中所占的比重不足两成。对大陆投资的台商也主要来自台湾北部地区。另外从陆客入台来看，在现有台湾地区对大陆的10个直航点中，南部只有台南和高雄2个。据台湾地区交通事务主管部门统计，2009~2014年，桃园机场客运量累计占两岸客运总量的70%左右、台北机场占15%、高雄机场占9%，而台南方面仅占0.2%。陆客入台地点的选择直接决定该地区获取餐饮、购物、交通等衍生利益大小。很显然，从陆客入台给台湾带来的收益分配中北部地区获益也多于南部地区。

最后，两岸经贸利益在台湾的受益阶层相对集中于企业阶层。企业家一直是两岸经贸合作的主体，凭借手中掌握的资本、技术及社会资源，通过组织或参与商品进出口和赴大陆投资获得了丰厚的利润回报，从而在两岸经贸利益的分配中处于有利地位。同时，虽不如企业阶层明显，台湾地区农民、青年和工薪阶层客观上亦从两岸经贸合作中直接或间接获利。如近年来大陆积极鼓励两岸青年交流，制定并实施多项优惠政策鼓励台湾地区青年到大陆求学、创业、就业，给台湾地区青年创造了更为广阔的发展空间。据"台湾地区青年西进大陆就业民调"显示，6%的台湾地区青年已经在大陆有过工作经历。但不容忽视的问题是，部分惠及台湾地区民众的两岸经贸政策效果并不尽如人意。零关税进口台湾地区农产品的政策本意原在于让利于南部基层农民，使其分享两岸经贸合作的红利，但由于台湾地区农业实行"产销分离"体制，中间商直接控制农产品采购及销售渠道。大陆对台湾地区农产品进口除少数是直接面对农渔业者采购以外，大多通过中间商操作，致使利益多被中间商截留。原本惠及台湾地区农民的政策，经过台湾地区内部多环节的利益传递，最终并未将利益送到基层民众手中。

## 3　新形势下两岸经贸利益分配的改善路径

国际经济合作及区域一体化理论均表明，经贸合作的利益分配不可能实现均等，只能在总体福利增长的前提下尽可能地保障社会中绝大多数人的福利增加。两岸经贸合作的利益分配也不例外。但在民进党及其操控媒体的误导、宣传下，台湾地区出现"两岸经贸合作独厚财团"这一明显违背现实的错误言论，导致部分台湾地区民众对两岸经贸合作出现不满情绪与抗拒心理，并担忧两岸经贸合作深化会进一步加大台湾地区经济对大陆的依赖度。当前，由于重新执政的民进党当局拒不承认"九二共识"，两岸关系趋于冷淡、紧张甚至对立，两岸经贸合作的制度化协商进程也因此被迫中断，两岸贸易及投资均出现一定程度的回落。因此，面对两岸经贸合作的新变局，今后大陆应以"重新巩固两岸经贸合作的民意基础、努力增进台湾地区民众对两岸经贸合作的认同"为出发点，这一出发点有别于既往大陆对台经贸合作的"让利导向"主轴，而应在尊重市场规律的前提下，立足于促进两岸经贸各领域、各群体的广泛合作，积极拓展两岸经贸合作的产业面、区域面和受益阶层面，从而改善两岸经贸利益在台湾地区内部的分配状况。具体的改善途径包括以下方面：

首先，充分利用福建自贸区进一步促进两岸服务业合作，改善利益分配的产业面。服务业是台湾地区的主导产业，而且以中小企业为主体。进一步推动两岸服务业合作，不仅可有效提升台湾地区的总体获利，而且也有助于改善中小企业在利益分配中的不利局面。在《海峡两岸服务贸易协议》实施受阻的情况下，大陆仍可以福建自贸区为先行示范平台，积极充分发挥福建自贸区在对台服务业合作上的政策优势，积极启动区内对台金融保险、冷链物流、软件与信息服务、跨境电子商务等现代服务业合作试点，加速闽台现代服务业资金、人员及技术等要素自由流动。若能通过福建自贸区的先行先试，吸引台湾地区服务业者来大陆投资发展，一旦台资在大陆享受到获利先机，必然会增进两岸服务业合作的黏性，从而有助于消除两岸服务业合作的障碍，实现两岸服务业者的共同获利。

其次，加强同台湾南部地区的交流与合作，改善利益分配的区域面。近年来，大陆已充分认识到与台湾南部地区加强交流合作的重要性，为此提出经贸合作"向下沉、向南扩"的调整目标。但目前大陆与台湾南部地区的经济交流与合作虽日益广泛，但多停留于表面，缺乏常态化、长期性、机制化的经济交流渠道与平台，[①]致使两岸经贸合作利益难以真正实现。针对这一现状，今后可从以下方面努力：一是进一步加强与台湾南部地区的产业交流与合作。台湾南部地区不仅在旅游业、农林牧渔业等传统产业上优势明显，而且在生物、医药、新能源等新兴产业的发展上潜力巨大。大陆可在继续深化与台湾南部地区传统产业合作的基础上，着力开展与南部新兴产业间的资本流动、技术、品牌等合作，密切与南部地区的产业关联。二是在台湾南部地区设立两岸中小企业对接平台，为大陆与台湾南部地区中小企业开展合作"穿针引线"，使南部地区中小企业也能分享两岸经济合作的"红利"。[②]三是在台湾南部地区设立农产品直接采购平台，既利于实现采购常态化，规避中间商对采购通路的把持，又便于进一步推行契约耕作采购模式，将好处直接输送到台湾地区农民手中。另外，也可通过这个平台借助网络采购的方式直接采购台湾地区农产品。四是加强大陆与台湾南部地区之间的航运合作，为两岸人员往来、物资运送提供便利，使台湾南部地区更直接参与到两岸经贸合作中。

最后，积极推动台湾地区青年、农民直接参与两岸经贸合作，改善利益分配的受益阶层。以往两岸经贸合作多以企业阶层为主，普通民众和青年群体参与度较低，从两岸经贸合作中的直接获利也有限。积极鼓励台湾地区青年和农民参与经贸合作，有助于将对其让利政策落到实处，增进其对两岸经贸合作的认同。因此，未来应尽力协助台湾地区青年在大陆就业创业。2016 年，大陆新设立了 20 个海峡两岸青年创业基地和 11 个海峡两岸青年就业创业示范点，为台湾地区青年来大陆就业创业创造良好环境。各省市也陆续出台了吸引台湾地区青年就业创业的优惠措施，如 2015 年 6 月福建省正式实施《关于支持台湾地区青年来闽创业就业的意见》，对台湾地区青年来闽创业给予办公场地和租金补贴、资金扶持等多种优惠政策。以上强有力的实质举措大大增强了台湾地区青年来大陆创业的吸引力。今后，应进一步为台湾地区青年就业创业拓宽渠道，提供更多法律保障，加强对台湾地区青年来大陆创业就业的宣导，积极培育利于台湾地区青年来大陆创业就业的软环境。具体举措有：除继续通过海峡论坛、两岸经贸论坛等两岸间重大交流平台，积极宣传支持台湾地区青年到大陆就业创业的思路、举措和具体办法外，还可尝试通过两岸高校合作渠道在台湾地区高校开设两岸经贸、大陆市场分析等课程，让台湾地区学生能深入了解大陆经济发展现况。同时，还可通过举办演讲、座谈会及论坛等多种方式，邀请赴大陆投资台商介绍分享其成功经验，让台湾地区青年充分获得大陆市场信息，提升其赴大陆创业就业的意愿。此外，还可与台资企业联合搭建台湾地区青年赴大陆就业的信息平台，为其赴大陆就业提供思想交流、政策分享、寻求发展的平台和机会。在培育利于台湾地区青年来大陆创业就业的软环境方面，可成立由相关产业协会、人力资源部门、高校等联合组成的创业导师团，开展创业就业技能培训和孵化工程项目，积极为台湾地区青年就业创业提供空间、设备、技术、人才、信息、商务支持等全方位的辅导服务；可仿效台湾地区的青年创业基金，设立扶持台湾地区青年赴大陆创业的专项基金；另外，在台湾地区青年创业就业相对聚集的地区设立会馆、引进台湾地区医院、完善网络等基础设施建设，切实解决台湾地区青年普遍关注的"有工作没生活"的问题，为其事业、生活休闲提供全面配套保障。

---

① 王建民. 大陆"向下沉、向南移"对台政策面临现实制约［EB/OL］. http：//news.163.com 14/0702/07/A04P5TL100014AEE.html.

② 石正方. 关注台湾南部地区　打造两岸交流新亮点［J］. 两岸关系，2011（4）：12-13.

# Research on the Evaluation and Improvement of Economic and Trade Benefit between Chinese Mainland and Taiwan in China

Fengjiao Wu

(Minnan Normal University, Zhangzhou, Fujian, 363000)

**Abstract**: The economic and trade cooperation between Mainland and Taiwan in China has promoted the overall welfare of Chinese Taiwan, but there is an imbalance in the benefit distribution within the industry, the region and the class in Chinese Taiwan. In the future, the Mainland should promote the economic and trade cooperation between Chinese Mainland and Taiwan widely in various fields and groups, make full use of Fujian Free Trade Area to further promote service industry cooperation between Chinese Mainland and Taiwan; strengthen exchanges and cooperation with Taiwan's southern region; actively promote Chinese Taiwan youth and farmers directly participation, so as to improve the distribution of economic and trade benefit in Taiwan inside.

**Key Words**: Chinese Mainland and Taiwan; Economic and Trade Benefit; Distribution Improvement

**JEL Classification**: R19

# 旅游收入差异、对外贸易水平与第三产业增长
## ——基于广东省区域差异的比较分析

王 鹏 谢丽文

(暨南大学经济学院，广东广州，510632)

[摘 要] 游客流动和商品流动作为生产要素的间接转移方式，可引起资本和技术要素在第三产业内的流动和配置，对于第三产业的增长具有重要的促进作用。以2006~2012年广东省21个地级城市的统计数据为研究样本，基于要素投入产出的视角构建计量回归模型，探讨旅游收入差异、对外贸易水平与第三产业增长之间的关系，并分不同区域对比研究影响第三产业增长的各个要素。研究结果表明：全省范围的旅游收入对第三产业增加值的正向效应明显，国内旅游收入的促进作用强于旅游外汇收入，分区域旅游收入的影响效应按珠三角、两翼、山区依次递减；全省范围的进出口贸易对第三产业增长具有正向作用，对外贸易产生的技术溢出有利于第三产业的增长，而且对外贸易和入境旅游的发展存在互益性关联。

[关键词] 旅游收入；对外贸易；第三产业；区域差异

[JEL 分类] O14

## 0 引 言

旅游业是高关联复合型产业，对餐饮、旅馆、客运、商贸和娱乐服务等第三产业的拉动效应明显。游客流动过程中的消费形成发展关联产业的资本积累，可促进第三产业的经济增长。另外，无法自由流动的技术要素则物化于商品中，以对外贸易的形式转移至稀缺国家（或地区）并产生技术溢出。出口商品的地区通过学习效应和商业联系，可以获取非物化的技术和知识，对外贸易产生的技术溢出则能够提高生产资源利用率，促进产业结构升级。因此，游客流动和商品流动作为生产要素的间接转移方式，可引起资本和技术要素在第三产业内的流动和配置。从要素流动性角度探讨旅游收入和对外贸易对第三产业增长的影响，有利于拓展产业发展的影响机制研究，丰富第三产业发展的相关理论。

作为我国经济和旅游大省，广东省"十三五"发展规划将旅游业定位为战略性支柱产业，但省内不同区域的游客流入和消费情况存在较大差距，如何缩小旅游收入差距以促使第三产业均衡增长的问题亟须探讨。同时，广东省作为我国外贸依存度最大的省份，近年来国际金融危机减缓

[基金项目] 国家自然科学基金面上项目（71673112）；广东省哲学社会科学规划项目（GD15XYJ27）；广东省人文社会科学重点研究基地与经纬粤港澳经济研究中心科研项目（37714001004）；广东省财政科研公开择优课题（G201612）；广州市建设国家级科技思想库研究课题专项。

[作者简介] 王鹏，男，暨南大学经济学院副教授，经济学博士，博士生导师；谢丽文，女，暨南大学经济学院硕士研究生。E-mail：jnuwp@163.com。

了对外贸易增长速度，广东省虽积极推进进出口贸易向服务业、信息科技、物联网等第三产业延伸，但新形势下对外贸易的变动调整是否引致第三产业的持续增长有待深入研究。因此，本文利用广东省21个地级城市的统计数据，分析广东省旅游收入的区域差异及对外贸易的变动情况，基于要素投入产出的视角构建计量回归模型，对比探究广东省域范围旅游收入、对外贸易对第三产业增长的影响效应，并提出有针对性的政策建议。

## 1 文献综述

旅游业关联餐饮业、旅馆业、客运业等其他产业的发展，关联产业间具有相互消耗和提供产品的关系，国内外学者通常利用部门投入产出模型探讨旅游业的产业关联和波及效应。如Fletcher（1989）回顾了旅游发展近况，认为改进的投入产出模型是分析旅游业对经济影响的有效方法。[1] 闫敏（1999）重新划分我国行业并计算各部门对旅游业的直接投入和完全投入结构，结果证明工业化后期才会产生旅游业的产业化。[2] 宋增文（2007）采用中国投入产出表定量分析旅游产业链上的消耗分配关系，将与旅游业存在关联的产业划分为紧密、较紧密和有关联产业，强调旅游业产业关联具有波及影响广、前向带动作用强的特点。[3] Atan和Arslanturk（2012）的研究显示，土耳其的旅游对经济有高度的后向关联效应，与酒店、餐饮业的关联尤其明显。[4] 潘盛俊（2013）分析我国旅游业的产业关联和宏观经济效应，发现旅游产业对上游行业的拉动作用增强且产业的前向关联小于后向关联。[5]

发展旅游业有助于社会资本积累和产业结构调整，近年来基于因果分析法探讨旅游发展作用于产业增长和产业升级的研究逐步增多。如李兴绪和牟怡楠（2004）从支柱产业的四个特性分析云南旅游业对地方产业的推动作用，认为旅游业能优化国民经济产业结构并促进相关行业的产品升级。[6] Oh Chi-Ok（2005）论述了韩国旅游与经济增长之间的因果关系，认为经济驱动旅游发展但旅游未引起经济增长。[7] 苏建军等（2011）指出我国旅游业发展与第三产业增长之间存在长期均衡关系，国内旅游与入境旅游具有相互促进作用。[8] 罗文斌等（2012）的研究表明我国经济增长、第三产业增长对旅游发展存在单向格兰杰因果关系，但旅游发展对经济增长和第三产业增长的推动作用有限。[9] Ridderstaat等（2014）分析了海岛的旅游发展和经济增长，得出旅游相关产业受益于旅游和经济发展的结论。[10]

产业增长及其结构转变不仅与旅游业的发展有内在联系，而且受到对外贸易水平的影响。后者体现不同国家或地区的国际分工地位，进出口商品的结构变化可以引起产业结构变动。Chow（1987）研究了八个新兴工业化国家的出口与工业发展之间的关系，认为多数新兴工业化国家的出口与工业增长存在双向因果关系，出口扩张战略引致发展中国家的产业结构转型。[11] 陈飞翔（2001）论述了我国开放条件下的产业结构特征和变动，提议以构建开放型经济为目标对产业结构进行重组，以出口商品结构的高级化带动产业结构升级。[12] 袁欣（2010）认为“两头在外”的加工贸易使中国对外贸易结构呈现超前发展的虚幻性，对外贸易结构的“镜像”未反映产业结构的“原像”。[13] 孙晓华和王昀（2013）实证检验了初级品和工业制成品对三次产业的带动作用，结果表明进出口结构效应对产业结构升级存在显著的正向影响。[14]

对外贸易与地区的产业发展关联紧密，商品贸易过程中产生的技术溢出会影响企业生产效率和产业升级。Parameswaran（2009）探讨了印度制造业中对外贸易的作用，认为对外贸易能促进企业研发溢出和发展中国家的技术进步。[15] 赵文军和于津平（2012）的研究显示出口未转变工业经济增长方式，资源和劳动密集型工业的进口对其经济增长方式的正向效应强于资本和技术密集型工业。[16] Wagner（2012）从制造企业的产出、工资和盈利等维度分析进口和出口贸易的影响，认为实施进出口贸易的企业效率较高。[17] 赵岩等（2012）的技术进步模型结果显示工业制成品的出口未拉动第三产业的发展，加工贸易出口对于产业升级的效应不强，进口中间产品制约了三次产业的升级。[18] 高敬峰（2013）利用出口收入指数检验进口贸易对中国制造行业的技术溢出效应，结果表明中国从发达国家进口提高了出口产品的技术水平，促进作用在高垂直专业化程度行业、高 R&D 经费支出行业表现明显。[19]

综上所述，国内外学者对旅游业的产业联动关系和因果关系进行了有益探索，并从商品结构和技术溢出等角度分析了对外贸易对产业结构变动的影响，取得了较为丰富的研究结果，但现有研究仍存在以下几点不足：其一，学者们多以某个地区某一时间点的部门投入产出情况探讨旅游业产业关联，较少考察某一时间跨度内旅游收入影响第三产业增长的区域差异。其二，旅游收入包括国内旅游与入境旅游，较少文献比较研究两者对第三产业的作用强度。其三，发展第三产业的关键要素是资本和技术，游客流动消费产生的旅游收入形成资本要素，而商品进出口贸易过程则会产生技术溢出，游客流动和商品流动作为生产要素转移的间接方式，以往研究缺乏探讨两者对第三产业的共同影响。本文基于改进的 C-D 生产函数，以 2006~2012 年广东省 21 个地级城市的统计数据为研究样本，探讨旅游收入差异、对外贸易水平与第三产业增长之间的关系，并分不同区域对比研究影响第三产业增长的各个要素，为区域产业的协调发展提供政策建议。

## 2 广东省旅游收入、对外贸易与第三产业的变动趋势

### 2.1 广东省旅游收入的区域差异及其时序变动

广东省利用区位优势和资源优势大力发展旅游业，旅游综合竞争力长期居于全国前列。据 2006~2012 年的统计数据可知，广东省旅游总收入由 2120.10 亿元增长到 5794.74 亿元，年均增长速度为 78.42%；接待过夜旅游者由 1.28 亿人次上升至 2.74 亿人次，年均增长速度为 59.7%。受国际金融危机的影响，2008 年广东省旅游收入与游客人次的比值略微下降，其他年份均呈增长的态势，表明在粤游客人均消费和人数均呈上涨趋势。同期，广东省珠三角、东翼、西翼和山区四个区域① 的旅游收入与接待游客人次也呈上升趋势，但珠三角的旅游收入和游客人次总数远高于其他区域。在旅游收入与接待游客人次比重方面，广东省不同区域的发展速度不一，所占比重变化趋势各异。从图 1（左）可以看出，2006~2012 年广东省珠三角旅游收入比重呈下降趋势，粤北山区增长快速而两翼地区增长缓慢，珠三角、东翼、西翼和山区的旅游收入比重分别从 83.06%、5.40%、5.26%、6.28%变化为 75.73%、6.17%、5.29%、12.81%。同期珠三角接待游客人次比重亦缓慢下滑，而两翼地区和粤北山区呈现波动上升（见图 1 右），珠三角、东翼、西翼和山区接待游客人次比重分别从 76.41%、7.67%、4.35%、11.57%变化为 66.12%、9.48%、8.19%、16.21%，且不同区域之间的差距在逐年缩小。

由上可知，广东省的旅游收入具有明显的空间非均衡特点，为进一步考察旅游收入差异的时序变化，须测度各时间点广东省旅游收入差异的大小。本文借鉴敖荣军和韦燕生（2006）的研究方法，[20] 将广东省分为珠三角、东翼、西翼和山区四个区域，采用改良后的 Theil 指数衡量 2006~2012 年广东省旅游收入区域差异的时序变动。Theil 指数是衡量区域间经济差异的重要指标，其值越大表明区域间非均衡性越大，并可分解为组间差异和组内差异以反映差异来源。其计算公式如下：

---

① 珠三角区域包括广州、深圳、佛山、珠海、东莞、中山、惠州、江门、肇庆等城市；东翼区域包括汕头、汕尾、潮州、揭阳等城市；西翼区域包括湛江、茂名、阳江等城市；山区区域包括韶关、河源、梅州、清远、云浮等城市。

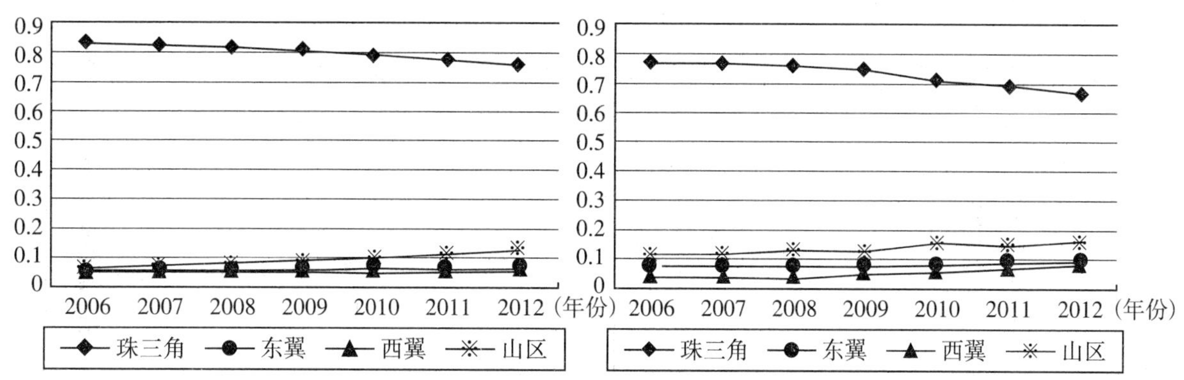


**图 1　2006~2012 年广东省四个区域旅游收入比重和接待游客人次比重**

资料来源：《广东统计年鉴》（2007~2013 年）（统计项目：各市旅游业收入、各市接待过夜旅游者人数）。

$$T_p=\sum_{i=1}^{4}\frac{Y_i}{Y}\sum_{j}\frac{Y_{ij}}{Y_i}\ln\left(\frac{Y_{ij}/Y_i}{N_{ij}/N_i}\right)+\sum_{i=1}^{4}\frac{Y_i}{Y}\ln\left(\frac{Y_i/Y}{N_i/N}\right)=T_w+T_b \tag{1}$$

其中，Y 和 N 分别为广东省内旅游收入和常住人口数，$Y_i$ 和 $N_i$ 分别代表 i 区域旅游总收入和常住人口数，$Y_{ij}$ 和 $N_{ij}$ 分别是 i 区域 j 城市的旅游收入和常住人口数；$T_p$ 为总体差异，$T_b$ 是区域间差异，$T_w$ 为四个区域内市域间差异的加权总和。Theil 指数的计算结果如图 2 所示。

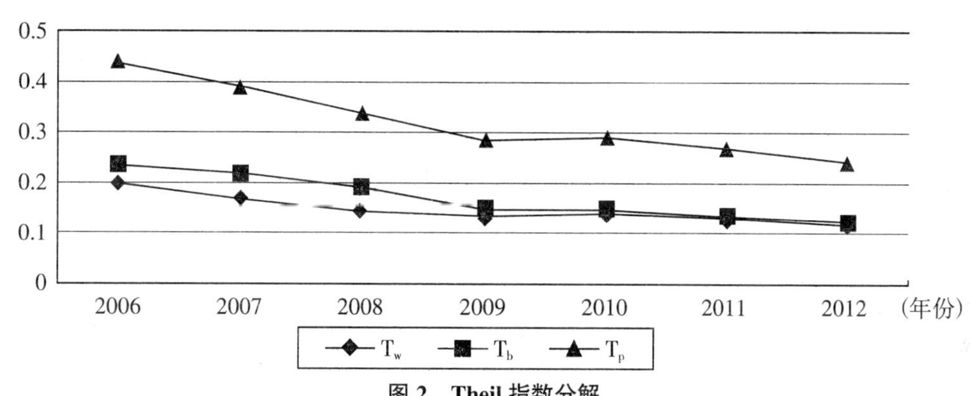


**图 2　Theil 指数分解**

资料来源：《广东统计年鉴》（2007~2013 年）（统计项目：各市旅游业收入、各市年末常住人口）。

由图 2 可知，2006~2012 年广东省旅游收入的总体差异（$T_p$）、区域间差异（$T_b$）和四个区域内市域间差异加权值（$T_w$）均呈下降趋势。以 2009 年为时间点可以将广东省旅游收入区域差异的时序变动分为两个阶段，2006~2009 年的差异缩小速度明显快于 2009~2012 年，表明国际金融危机减缓了广东省旅游收入区域差异的缩小速度。对比区域间差异和四个区域内市域间差异的加权总和，可以发现前者大于后者，表明考察期内广东省的旅游收入差异主要来源于区域间差异，原因在于珠三角与其他区域的旅游收入差异较大。但区域间差异和区域内市域间差异在逐步缩小，区域间差异的主导性有减弱趋势，区域内市域间差异的主导地位则略有增强，表明广东省东翼、西翼和山区旅游发展速度略有增加，但区域内城市之间的旅游发展差距仍较大。

## 2.2　广东省对外贸易的结构变动及其贸易竞争力变化

对外贸易是广东省经济发展的重要来源，其对外贸易总量一直居于全国首位。年鉴数据显示，2006~2012 年广东省的进出口额由 5272.07 亿美元增长为 9839.47 亿美元，其中农产品、机电产品和高新技术产品是最主要的三大类进出口产品。图 3（左）显示的是 2006~2012 年广东省三大类产品的净出口情况，其中农产品占广东省对外贸易总量较小，净出口额的逐年减小表明贸易逆差在逐渐增大；机电产品是广东省工业制成品的重要组成部分，同期净出口额由637.88亿美元波动增长至1441.23亿美元，其中电器及电子产品、机械及设备占主要比重；高新技术产品的净出口额由156.16亿美元平稳增长至353.02亿美元，其中计算机与通信技术产品的贡献最大。按贸易方式划分，广东省对外贸易主要以一般贸易和加工贸易为主，近年来逐渐萎缩的来料加工贸易削弱了广东省对加工贸易的依赖程度，加工贸易的进出口额比重由2006年的65.65%下降到2012年的53.86%（见图3右）。此外，广东省一般贸易的进出口额比重平稳增长，但2012年首次出现下降。

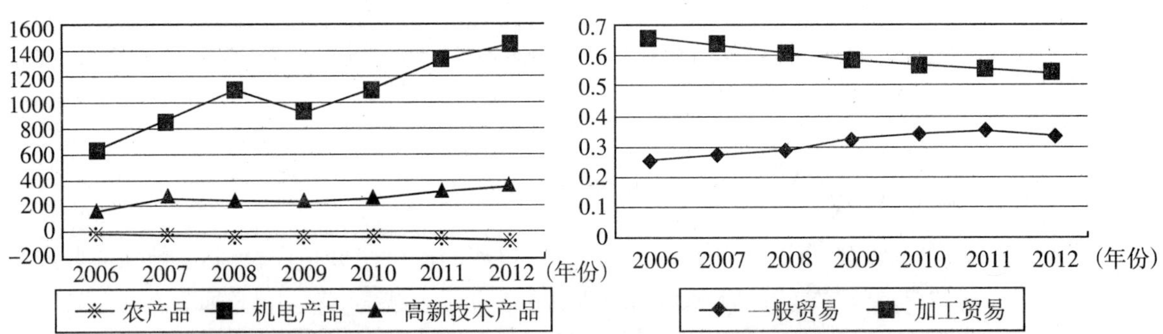


**图3 2006~2012年广东省三大类产品的净出口额和按贸易方式分的进出口额比重**

资料来源：《广东统计年鉴》（2007~2013年）（统计项目：按产品类型分的进出口额、按贸易方式和经济类型分的进出口额）。

广东省对外贸易的结构变动反映在进出口商品的贸易竞争力变化上，通常可以采用贸易竞争力指数（Trade Competitiveness，TC）进行测度，本文借此分析广东省对外贸易竞争力水平。其计算公式如下：

$$TC=(X_i-M_i)/(X_i+M_i) \quad (2)$$

TC指数取值范围从−1至1，其值越大表示竞争力越强，其中，$X_i$和$M_i$分别代表i类商品的出口额和进口额。进出口商品依据海关HS编码分类标准划分为21类，广东省进出口商品的TC指数结果如表1所示。表1中第1~10类进出口贸易商品多数为初级产品，属于资源密集型产品。其中第4类、第8类的TC指数为正，仅第7类、第8类的TC指数有较为明显的上升趋势，说明广东省对初级产品的贸易依赖较弱，因资源缺乏需要依靠进口。第11~15类、第19类、第20类主要是劳动密集型的工业制成品，其TC指数显示具有较强的贸易竞争力且变动较小。其他进出口商品（如第16类、第17类）多属资本和技术密集型商品，TC指数虽为正但较小，显示具有较弱的贸易竞争优势。

**表1 按HS编码分类的广东省进出口商品TC指数（2006~2012年）**

| 年 份 | 2006 | 2007 | 2008 | 2009 | 2010 | 2011 | 2012 |
|---|---|---|---|---|---|---|---|
| 第1类：活动物、动物产品 | 0.150 | −0.236 | −0.346 | 0.019 | −0.081 | −0.031 | −0.049 |
| 第2类：植物产品 | −0.483 | −0.481 | −0.604 | −0.630 | −0.644 | −0.637 | −0.680 |
| 第3类：动植物油脂及蜡 | −0.874 | −0.936 | −0.877 | −0.863 | −0.846 | −0.863 | −0.825 |
| 第4类：食品、烟草及制品 | 0.440 | 0.487 | 0.395 | 0.311 | 0.216 | 0.236 | 0.223 |
| 第5类：地矿产品 | −0.761 | −0.715 | −0.602 | −0.560 | −0.646 | −0.614 | −0.652 |
| 第6类：化工产品 | −0.433 | −0.414 | −0.343 | −0.335 | −0.329 | −0.321 | −0.362 |

续表

| 年　份 | 2006 | 2007 | 2008 | 2009 | 2010 | 2011 | 2012 |
|---|---|---|---|---|---|---|---|
| 第 7 类：塑料、橡胶及其制品 | −0.366 | −0.343 | −0.328 | −0.346 | −0.367 | −0.293 | −0.275 |
| 第 8 类：皮革、毛皮及其制品 | 0.268 | 0.332 | 0.418 | 0.432 | 0.422 | 0.467 | 0.468 |
| 第 9 类：木及木制品、草柳编结品 | 0.147 | 0.169 | 0.208 | 0.137 | −0.035 | −0.159 | −0.182 |
| 第 10 类：木浆、纸、纸板及制品 | −0.101 | −0.040 | −0.003 | 0.067 | −0.002 | −0.002 | 0.014 |
| 第 11 类：纺织原料及纺织制品 | 0.605 | 0.651 | 0.614 | 0.628 | 0.648 | 0.681 | 0.675 |
| 第 12 类：鞋帽伞杖、羽毛品、人造花、人发品 | 0.967 | 0.964 | 0.960 | 0.968 | 0.974 | 0.971 | 0.966 |
| 第 13 类：石材制品、陶瓷产品 | 0.625 | 0.623 | 0.652 | 0.668 | 0.593 | 0.563 | 0.467 |
| 第 14 类：珠宝首饰、硬币 | 0.223 | 0.221 | 0.226 | 0.148 | 0.250 | 0.528 | 0.707 |
| 第 15 类：贱金属及其制品 | −0.119 | −0.126 | −0.069 | −0.204 | −0.215 | −0.156 | −0.088 |
| 第 16 类：机械、电器设备、电视、音响 | 0.167 | 0.202 | 0.232 | 0.225 | 0.215 | 0.223 | 0.228 |
| 第 17 类：车辆、航空器、船舶 | 0.068 | 0.165 | 0.261 | 0.078 | 0.188 | 0.293 | 0.292 |
| 第 18 类：仪器、医疗器械、钟表及乐器 | −0.196 | −0.308 | −0.239 | −0.165 | −0.171 | −0.155 | −0.105 |
| 第 19 类：杂项制品 | 0.940 | 0.922 | 0.929 | 0.928 | 0.913 | 0.926 | 0.927 |
| 第 20 类：艺术品、收藏品及古物 | 0.967 | 0.849 | 0.894 | 0.931 | 0.838 | 0.740 | 0.832 |
| 第 21 类：特殊交易品及未分类 | −0.888 | −0.884 | −0.629 | −0.800 | −0.956 | −0.998 | −0.998 |

资料来源：《广东统计年鉴》(2007~2013 年)（统计项目：进出口商品分类金额）。

## 2.3　广东省第三产业内部结构的变动趋势

游客流动和商品流动作为资本要素与技术要素的间接转移方式，对第三产业增长具有重要的促进作用。由旅游收入、对外贸易对第三产业的作用途径可知（见图 4），游客在跨区域流动过程中，在餐饮、旅馆、客运、商贸和娱乐服务等部门消费，产生的旅游收入对第三产业的发展形成资本要素积累。对外贸易对第三产业的作用途径则体现在商品进出口上，通过商品进口提高地区技术水平和促进产业升级，通过具有比较优势的商品出口来调节进出口产品结构，从而调整产业结构。

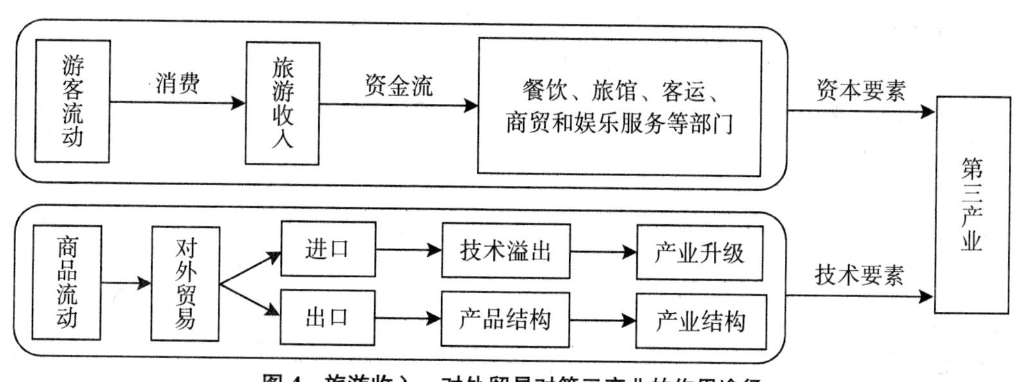


**图 4　旅游收入、对外贸易对第三产业的作用途径**

从广东省第三产业及其内部结构的增加值来看（见图 5），第三产业增加值由 2006 年的 11585.82 亿元平稳增长到 2012 年的 26519.69 亿元（图 5 右轴），且第三产业内部各产业增加值

（图 5 左轴）均呈增长趋势。其中批发和零售业所占比重最大且增长速度最快，金融业的增长速度明显，交通运输仓储和邮政业增长较缓且贡献比重下降，交通运输仓储和邮政业、批发和零售业、金融业和房地产业对第三产业产值的贡献比重顺序由“三一四二”变为“四一三二”。此外，同期旅游收入与第三产业增加值的变化趋势相似，2009 年后增长速度逐渐加快。受国际金融危机的影响，2008 年广东省进出口贸易额（经人民币对美元的平均汇率折算）呈现负增长，2009 年降至近年来最低值 41745.64 亿元，此后增长速度逐渐恢复。

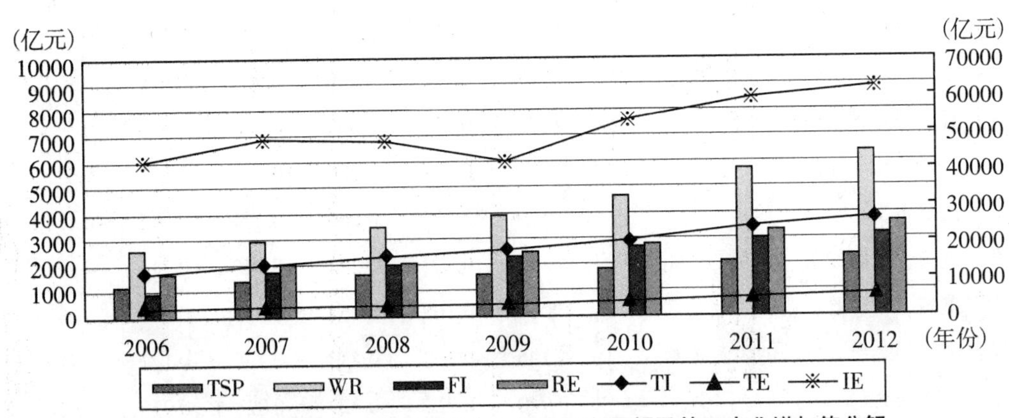


**图 5　2006~2012 年广东省旅游收入、进出口贸易额及第三产业增加值分解**

注：TE 为旅游收入；IE 为进出口贸易额；TI 为第三产业增加值；TSP 为交通运输仓储和邮政业；WR 为批发和零售业；FI 为金融业；RE 为房地产业。

资料来源：《广东统计年鉴》（2007~2013 年）（统计项目：地区生产总值）。

# 3　变量选取和模型构建

上述旅游收入、对外贸易与第三产业的变动趋势显示，广东省旅游收入的区域差异呈缩小趋势，对外贸易水平呈波动提高趋势，第三产业则呈平稳增长趋势。为深入探讨广东省旅游收入、对外贸易对第三产业的影响程度，本文选取以下变量和数据，依据内生经济增长理论构建计量回归模型。

## 3.1　变量选取

### 3.1.1　解释变量

本文考察作用于第三产业增长的要素是旅游收入差异和对外贸易水平，游客消费产生的旅游收入形成资本要素，对外贸易通过商品的转移引入技术要素。因此，以旅游收入和进出口贸易额为关键要素，分别表征资本和技术因素；以第三产业的劳动力投入为基本人员要素，并增加城市化水平为控制变量。

（1）旅游收入。旅游发展涉及交通、游览、住宿、餐饮、商品销售、娱乐等多方面，旅游收入能从经济角度衡量地区旅游的发展现状，体现一个地区旅游发展的经济实力。结合旅游作用于产业经济的研究目的，本文选取广东省 21 个地级城市旅游总收入（Tourism Earnings）表征旅游经济收入状况。为比较入境旅游和国内旅游的作用，以各市旅游外汇收入（Foreign Exchange Earnings）和国内旅游收入（Domestic Tourism Earnings）表示入境旅游收入和国内旅游收入，并以 2006 年为基期的消费价格指数对各值进行平减。

（2）进出口贸易额。对外贸易可反映一个地区的国际分工地位和产业竞争力，并能促使生产要素在地区间流动。一个地区通过商品进出口贸易引进国外先进设备，在学习国外先进技术的基础上进行技术创新，开发具有比较优势的新产品，优化地区进出口产品结构，进而促进产业结构调整和升级。本文以广东省 21 个地级城市商品进出口贸易额（Imports and Exports）反映各市的对外贸易水平，为消除汇率变动和价格变动因素的影响，以各年人民币与美元的平均汇率和消费价格指数（2006 年 = 100）对进出口贸易额进行平减处理。

（3）劳动力投入。资本投入是经济发展的重要要素，劳动力投入亦是地区产业增长的基本因素。劳动者通过教育、培训和实践经验等途径获得知识和技能，形成具有经济价值的人力资本发展产业。人力资本的提高亦能反向促使劳动力从第一、第二产业向第三产业流动，促进劳动力在行业间的重新配置。产业间的劳动力流动与产业的产出变化关联紧密，产业的从业人员人数可反映产业的劳动力规模。因此，本文以广东省 21 个地级城市第三产业从业人员年末人数（Employed Persons）衡量第三产业的劳动力投入情况。

（4）城市化水平。城市是第三产业的成长载体，城市化水平体现了第三产业的增长空间。地区城市化以集聚为特征，提供一定范围内的人口集中和产业集聚。高购买力人群的集中有助于促进地区消费，推动区域服务业的发展；产业集聚的加强有助于产业专业化分工，促进产业走向高级化。反之第三产业的发展可提供就业岗位和良好的设施，吸引人口和要素向城市集中。以往研究普遍采用城镇人口比重表征城市化发展规模，本文沿用此法以广东省 21 个地级城市城镇人口占常住人口的比重（Urban Population）衡量城市化水平和规模。

#### 3.1.2 被解释变量

为衡量第三产业增长情况，本文选取第三产业增加值（Value-added）作为被解释变量。产业增加值核算生产过程中新增加的价值量（即产业最终产品和劳务的价值），不包括中间部门投入。各个产业增加值构成国内生产总值，因此第三产业增加值能客观反映第三产业的增长质量。由于不同年份的名义增加值包含各年价格变动因素，不能确切反映第三产业实际产出量的增减，本文利用 2006 年广东省 21 个地级城市第三产业增加值和第三产业增加值指数（2006 年 = 100）计算出第三产业实际增加值。

在数据来源方面，考虑到面板数据兼具时序特性和截面特征，本文选取广东省 21 个地级城市的面板数据作为研究样本，依据数据的可获取性原则，选取变量的时间跨度为 2006~2012 年。广东省以及珠三角、东翼、西翼和山区四个区域的原始数据均引自《广东统计年鉴》（2007~2013 年），以确保数据的统计口径一致和准确。

### 3.2 模型构建

内生经济增长理论表明经济增长一方面来自资本、劳动、资源等基本生产要素的投入，另一方面源于制度、技术的变革提高要素利用率。第三产业增长是一种经济增长的过程，其生产函数涉及资本、劳动和技术活动等因素。正如前文所述，游客流动消费产生旅游收入形成了资本积累，可以将旅游收入视为资本要素投入项；地区通过对外贸易引进和模仿先进技术，从而会影响生产要素利用率，由此建立投入产出关系如下：

$$Y = F(T, I, P, U) \tag{3}$$

式（3）表示第三产业是由旅游收入、对外贸易、劳动力和其他因素共同决定，其中 Y 代表第三产业增加值，T 是以旅游收入表征资本因素，I 是以进出口贸易额替代技术因素，P 是以产业从业人员表示劳动因素，U 代表影响产出的其他因素，体现在本文中为人口城市化规模。

多要素 C-D 生产函数具有较好拟合性和广泛适用性，基于改进的 C-D 生产函数，设立其形式为：

$$Y = AT^{\alpha_1} I^{\alpha_2} P^{\alpha_3} U^{\alpha_4} \tag{4}$$

为增加变量的平稳性，对生产函数进行标准化处理并取对数回归，最后设定模型为：

$$\ln Val_{it}=C+\alpha_1\ln TE_{it}(\ln FEE_{it},\ \ln DTE_{it})+\alpha_2\ln IE_{it}+\alpha_3\ln EP_{it}+\alpha_4\ln UP_{it}+c_{it}^*+u_{it} \tag{5}$$

$$c_{it}^*=\lambda_i+\gamma_t \tag{6}$$

其中，$\ln Val_{it}$ 表示 i 地区 t 年第三产业增加值；$\ln TE_{it}$ 是地区旅游总收入，$\ln FEE_{it}$ 和 $\ln DTE_{it}$ 分别为旅游收入的细分量：旅游外汇收入和国内旅游收入；$\ln IE_{it}$ 为进出口贸易额，$\ln EP_{it}$ 是第三产业从业人员年末人数，$\ln UP_{it}$ 为地区人口城市化规模。C 是公共截距项，$\alpha_1$、$\alpha_2$、$\alpha_3$、$\alpha_4$ 为弹性系数，$u_{it}$ 为误差项。$c_{it}^*$ 为变动截距，当模型为固定效应模型时，$\lambda_i$ 是个体固定影响，$\gamma_t$ 表示时间点固定影响。

## 4 实证结果分析

本文以广东省 21 个地级城市的数据作为研究样本，构建广东省域范围的旅游收入、对外贸易对第三产业增长的作用模型，并将旅游总收入细化为旅游外汇收入和国内旅游收入两项来源。由于广东省西翼区域仅包括湛江、茂名、阳江三个城市，样本个数少于变量个数，因此在实证分析中将经济发展状况相近的西翼和东翼合并为同一研究区域（两翼），利用 EViews 6.0 进行回归的结果如表 2 和表 3 所示。

**表 2 模型选择的计量结果（全省）**

| 全省 | 个体 | 时间点 | 个体时间点 | 个体 | 时间点 | 个体时间点 | 个体 | 时间点 | 个体时间点 |
|---|---|---|---|---|---|---|---|---|---|
| | (1) | (2) | (3) | (4) | (5) | (6) | (7) | (8) | (9) |
| F 值 | 25.828*** | 1.963 | 193.961*** | 17.886*** | 8.615*** | 298.963*** | 27.058*** | 1.275 | 178.203*** |
| lnTE | 0.508*** | 0.295*** | 0.056** | | | | | | |
| lnFEE | | | | 0.211*** | 0.066** | 0.015 | | | |
| lnDTE | | | | | | | 0.510*** | 0.338*** | 0.057** |
| lnIE | 0.061 | 0.097*** | 0.030 | 0.603*** | 0.110*** | 0.053 | 0.064 | 0.115*** | 0.035 |
| RSS | 1.401 | 6.809 | 0.173 | 2.973 | 8.302 | 0.176 | 1.244 | 6.485 | 0.173 |

注：**、*** 表示 t 统计量分别在 5%、1%的水平下显著。

**表 3 模型选择的计量结果（分区域）**

| | 珠三角 | | | 两翼 | | | 山区 | | |
|---|---|---|---|---|---|---|---|---|---|
| | 个体 | 时间点 | 个体时间点 | 个体 | 时间点 | 个体时间点 | 个体 | 时间点 | 个体时间点 |
| | (1) | (2) | (3) | (4) | (5) | (6) | (7) | (8) | (9) |
| F 值 | 32.728*** | 4.423*** | 144.188*** | 7.003*** | 0.626 | 62.858*** | 9.165*** | 1.619 | 84.669*** |
| LnTE | 0.733*** | 0.122** | 0.005 | 0.483*** | 0.723*** | 0.113** | 0.456*** | 0.389*** | 0.079** |
| LnIE | −0.156 | −0.072 | 0.107 | 0.259 | −0.069 | −0.052 | 0.080 | 0.201*** | −0.046 |
| RSS | 0.284 | 1.194 | 0.042 | 0.488 | 0.970 | 0.048 | 0.169 | 0.308 | 0.012 |

注：**、*** 表示 t 统计量分别在 5%、1%的水平下显著。

面板数据回归通常分为三大类，分别是混合估计模型、固定效应模型和随机效应模型，其中固定效应细分为个体固定效应、时间点固定效应和个体时间点固定效应三种子类型，须通过 F 检验和 Hausman 检验选出适宜模型。本文首先对含有个体或时间点固定影响的变截距模型进行回归，利用残差平方和（RSS）计算 F 统计量（高铁梅，2009）。[21] 表 2 和表 3 的结果显示：固定效应每三个子模型中至少有两个 F 值通过了显著性检验，因此拒绝接受混合估计模型的原假设。表 2 中的列（2）、列（8）和表 3 中的列（5）、列（8）未通过 F 显著性检验，其余时间点固定模型 RSS 值偏大且关键变量的系数较小。对比个体固定效应和个体时间点固定效应可知：首先，个体时间点固定效应中，关键变量的系数值偏小且显著度较弱，对因变量的解释能力不强，相较而言个体固定效应模型对本文的研究更为有效。其次，进行原假设为随机效应的 Hausman 检验，表 4 结果显示：全省旅游总收入模型是随机效应模型，其他面板数据模型均接受个体固定效应模型。

**表 4 计量回归结果**

| 变量 | 全省（1） | 全省（2） | 全省（3） | 珠三角（4） | 两翼（5） | 山区（6） |
|---|---|---|---|---|---|---|
| C | 0.552 | −4.141*** | 2.058** | 4.377*** | 6.672** | 3.835*** |
| lnTE | 0.471*** | | | 0.733*** | 0.483*** | 0.456*** |
| lnFEE | | 0.211*** | | | | |
| lnDTE | | | 0.510*** | | | |
| lnIE | 0.110*** | 0.603*** | 0.064 | −0.156 | 0.259 | 0.080 |
| lnEP | 0.601*** | 1.076*** | 0.356*** | 0.646*** | 0.545** | −0.176 |
| lnUP | 0.056 | 0.400 | −0.017 | −0.707** | −1.628** | −0.053 |
| Adj.$R^2$ | 0.881 | 0.979 | 0.991 | 0.994 | 0.958 | 0.963 |
| F 值 | 25.828*** | 17.886*** | 27.058*** | 32.728*** | 7.003*** | 9.165*** |
| H 值 | 6.497 | 54.451*** | 9.464* | 24.917*** | 19.144*** | 41.442*** |
| 模型 | RE | FE | FE | FE | FE | FE |

注：*、**、*** 表示 t 统计量分别在 10%、5%、1%的水平下显著，FE、RE 为个体固定效应模型与随机效应模型。

具体来看，表 4 中的前三列是以广东省 21 个地级城市作为研究样本的回归结果。模型拟合程度优良，列（1）中旅游收入的弹性系数为 0.471，表明旅游收入对广东省第三产业增长具有显著的促进作用。列（2）和列（3）分别为旅游外汇收入和国内旅游收入的回归模型，两者对第三产业的正向影响均通过了 1%的显著性检验，但作用差异明显：旅游外汇收入和国内旅游收入的促进弹性系数分别为 0.211 和 0.510，显示旅游外汇收入的促进作用要弱于国内旅游收入。究其原因在于，近年来广东省积极出台政策支持旅游发展，如打造会展、游艇旅游等高端旅游促进休闲旅游和商务旅游的发展，刺激了房地产业、公共服务业等第三产业的发展。另外，受国际金融危机的影响，2006~2012 年广东省入境旅游收入呈波动变化，2008 年出现负增长后逐渐回暖；居民可支配收入的提高促使个人消费逐渐转向旅游休闲，广东省各市大力发展旅游文化招揽国内游客，国内旅游收入逐年增加。

珠三角、两翼和山区的回归结果显示，分区域的旅游总收入对广东省第三产业的正向影响富有弹性。珠三角第三产业增加值对旅游收入的正向变动反应灵敏，旅游收入每增加 1%将促使第三产业显著增长 0.733%。两翼旅游收入的正向作用略高于山区：1%的显著性水平下，促进弹性系数分别为 0.483 和 0.456。2006~2012 年，广东省珠三角旅游年收入占全省旅游收入的比重一直高于 75%，旅游收入总量远超过省内其他区域的发展。珠三角旅游的集聚效应强于扩散效应，因此相较于其他区域的领先优势仍十分明显。同时，广东省山区的旅游收入虽高于东翼和西翼，但旅游发展配套设施较落后，山区第三产业发展一直处于末位，第三产业的增长滞后于旅游发展速度。

列（1）中进出口贸易对广东省第三产业增加值的正向效应比较明显，在其他条件不变的情况下，全省进出口贸易额每增加1%将引致第三产业增加值显著增长11%。说明对外贸易有助于通过进出口商品提高地区技术水平，促进地区产业高级化发展。对比列（2）和列（3）中进出口贸易额的弹性系数可知，列（2）进出口贸易额的产业促进作用较强（系数为0.603），列（3）进出口贸易额的促进作用较小（系数为0.064，且未通过显著性检验）。由此可知与国内旅游相比，进出口贸易和入境旅游的发展存在互益性关联，对广东省第三产业增长具有更大影响。原因在于国际商务旅游的蓬勃发展会促进对外贸易，对外贸易的发展推动了贸易双方之间的非商务旅游。旅游流和贸易流的互相推动有助于外商投资和技术引进，共同促进第三产业增长。

珠三角、两翼和山区进出口贸易的影响弹性系数均未通过检验，主要原因是各区域进出口贸易受国际金融危机的影响均减缓，且对冲击的反应程度相异。珠三角区域呈非显著的负向作用与预期结果不符，表明对外贸易比重较大的珠三角在国际金融危机中受到较严重的冲击，对外贸易总量虽然较大但增长较缓，劳动密集型加工贸易产业的转移短期内使珠三角面临制造业空心化的危险，科技、信息、文化等产业的发展未完全抵消产业转移的负面效应。两翼区域的非显著性正向作用较强（系数为0.259），是因为两翼海岸资源优势有利于发展对外贸易；山区区域呈现弱的促进作用（系数为0.080），原因在于这些地区第三产业发展较落后，其增长速度与对外贸易发展速度不匹配。

此外，广东省全省范围内的第三产业从业人员数对第三产业增加值的正向作用高度显著，分区域模型中除山区区域为非显著的负向作用（系数为-0.176）外，其他模型均为显著的正向影响，由此可知广东省山区区域的高层次人力资本缺乏，第三产业对劳动力的吸纳能力需要加强。各模型的人口城市化水平对第三产业的作用各异，仅在列（1）和列（2）中具有非显著正向作用，在珠三角和两翼区域产生显著负向影响，说明广东省第三产业发展速度滞后于人口城市化进度，过快的城市人口集中和落后的公共服务设施对产业优化带来负面影响（刘汉辉和侯军，2009）。[22]

列（2）模型的截距偏离值显示（见图6），以肇庆（ZQ）为分界点，珠三角前八个城市偏离值均小于0，两翼和山区的值均大于0，深圳最低（-2.764），茂名最高（2.160）。列（3）表明全省范围内偏离值呈平稳波动，其中汕尾最高（0.721），云浮最低（-0.620）。比较列（4）、列（5）和列（6）的区域结果：珠三角的最高最低值分别是0.731（东莞）和-0.808（肇庆），两翼的最高最低值分别为0.374（汕头）和-0.355（湛江），山区的最高值和最低值分别是0.285（韶关）和-0.442（云浮），由此可知，珠三角城市的偏离差距明显强于两翼和山区。

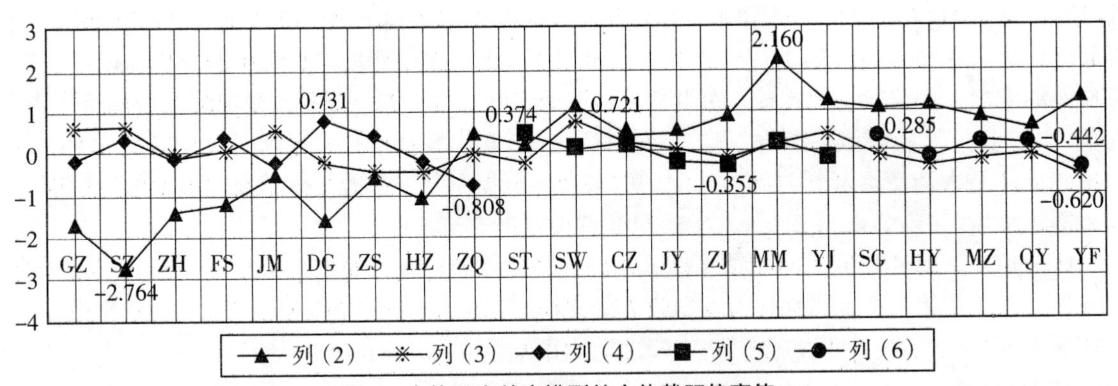


**图6 个体固定效应模型的个体截距偏离值**

注：以拼音首字母代表城市（如GZ为广州），图中列（2）、列（3）、列（4）、列（5）、列（6）对应表4的（2）、（3）、（4）、（5）、（6）。

# 5 主要结论和政策建议

## 5.1 主要结论

本文利用2006~2012年广东省21个地级城市的相关经济数据，从要素投入产出的视角构建计量回归模型，探讨旅游收入差异、对外贸易水平与第三产业增长之间的关系，并分不同区域对比研究影响第三产业增长的各个要素，得出以下主要结论：

（1）旅游收入对广东省第三产业增长具有显著的正向影响（系数为0.471），旅游收入形成的资本因素有助于第三产业等直接关联产业的发展。同时，第三产业增长对入境旅游的依赖度在减弱，国内旅游收入是广东省旅游收入的主要来源，其正向作用要强于旅游外汇收入。

（2）分区域实证结果显示，珠三角、两翼和山区的旅游收入对第三产业增长均产生了显著的促进作用，各区域因旅游资源优势和产业发展程度的差别，旅游收入的影响效应存在区际差异，珠三角区域的正向作用（系数为0.733）明显高于其他区域，东西两翼和山区的促进效应则比较接近。

（3）全省范围的进出口贸易对第三产业增长具有正向作用（系数为0.110），对外贸易产生的技术溢出有利于第三产业的增长，且对外贸易和入境旅游的发展存在互益性关联。第三产业从业人员数对第三产业增加值正向影响显著，而广东省人口城市化进度过快已对产业升级和优化造成阻碍。

## 5.2 政策建议

结合上述研究结论，本文提出以下政策建议：

第一，优化旅游收入结构，推动关联产业发展。发展旅游业必须扩大旅游收入来源，充分利用具有区域地方特色的人文资源吸引外地游客。对于广东省而言，要通过简化港澳自驾车入境手续来吸引港澳游客，针对国外团体游客推行精品旅游线路，继续实施过境免签、便利免签等优惠政策以延长广东贸易合作国客商在粤的停留时间。同时，针对不同客源的旅游消费习惯，逐步增加体验式观赏和休闲旅游以优化旅游收入结构，适度发展高端旅游推动关联产业发展，如举办游艇博览会促进游艇产业的发展；并且加强旅游度假区娱乐项目和购物环境的建设，促进与之关联的批发零售业、金融业、旅游服务业等第三产业的多样化增长。

第二，实施差异化战略，加强区域旅游合作。广东省各区域应依其资源优势差别化发展旅游业，珠三角区域经济水平较高，可定位为都市旅游区，积极开发都市娱乐、商务会展、高端度假等都市旅游；粤东区域文化资源丰富，可定位为文化旅游区，打造潮汕文化和客家文化体验式旅游；粤西区域具有海滨资源优势，应加快海滨产业园区建设，发展禅宗文化、滨海休闲度假等旅游产品；粤北山区自然景观优美，应增加生态旅游产业园的资金扶持，开发温泉养生、名山观光等绿色旅游线路。此外，应通过改善交通缩短区域空间距离，利用资源互补性打造跨区域旅游合作线路，引导国内外游客由珠三角区域向广东省两翼和山区扩散。

第三，鼓励企业技术创新，促进贸易转型升级。应积极引进和学习国外先进技术，重视新产品的自主研发，通过提高出口商品的技术含量优化进出口产品结构，促进广东省产业技术升级。要鼓励传统劳动密集型产业从珠三角区域转移至两翼和山区，发展先进制造业、现代服务业和战略性新兴产业等第三产业。在提高商品贸易技术的同时需重视服务贸易的发展，要以前海、南沙和横琴新区为粤港澳合作平台，加强邻近区域在金融、商贸、科技文化等领域的合作，提高服务贸易对国际经济波动和技术性贸易壁垒的应对能力，更好地促进第三产业的持续增长。

〔参考文献〕

[1] Fletcher J. E.. Input-output Analysis and Tourism Impact Studies [J]. Annals of Tourism Research, 1989, 16 (4): 514-529.

[2] 闫敏. 旅游业与经济发展水平之间的关系 [J]. 旅游学刊, 1999 (5): 9-15.

[3] 宋增文. 基于投入产出模型的中国旅游业产业关联度研究 [J]. 旅游科学, 2007 (2): 7-12.

[4] Atan S., Arslanturk Y.. Tourism and Economic Growth Nexus: An Input Output Analysis in Turkey [J]. Procedia-Social and Behavioral Sciences, 2012 (62): 952-956.

[5] 潘盛俊. 我国旅游业关联度测算与经济增长的关系研究 [J]. 统计与决策, 2013 (15): 90-92.

[6] 李兴绪, 牟怡楠. 旅游产业对云南经济增长的贡献分析 [J]. 城市问题, 2004 (3): 43-49.

[7] Oh Chi-Ok. The Contribution of Tourism Development to Economic Growth in the Korean Economy [J]. Tourism Management, 2005 (26): 39-44.

[8] 苏建军, 孙根年, 王丽芳. 1982 年以来中国旅游业对第三产业的关联带动性分析[J]. 地理科学进展, 2011 (8): 1047-1055.

[9] 罗文斌, 徐飞雄, 贺小荣.旅游发展与经济增长、第三产业增长动态关系——基于中国 1978~2008 年数据的实证检验 [J]. 旅游学刊, 2012 (10): 20-26.

[10] Ridderstaat J., Croes R., Nijkamp P.. Tourism and Long-run Economic Growth in Aruba [J]. International Journal of Tourism Research, 2013 (6): 1-15.

[11] Chow P. C. Y.. Causality between Export Growth and Industrial Development: Empirical Evidence from the NICs [J]. Journal of Development Economics, 1987, 26 (1): 55-63.

[12] 陈飞翔. 对外开放与产业结构调整 [J]. 财贸经济, 2001 (6): 16-23.

[13] 袁欣. 中国对外贸易结构与产业结构: "镜像" 与 "原像" 的背离 [J]. 经济学家, 2010 (6): 67-73.

[14] 孙晓华, 王昀. 对外贸易结构带动了产业结构升级吗? ——基于半对数模型和结构效应的实证检验 [J]. 世界经济研究, 2013 (1): 15-21.

[15] Parameswaran M.. International Trade, R&D Spillovers and Productivity: Evidence from Indian Manufacturing Industry [J]. Journal of Development Studies, 2009, 45 (8): 1249-1266.

[16] 赵文军, 于津平. 贸易开放、FDI 与中国工业经济增长方式——基于 30 个工业行业数据的实证研究 [J]. 经济研究, 2012 (8): 18-31.

[17] Wagner J.. International Trade and Firm Performance: A Survey of Empirical Studies since 2006[J]. Review of World Economics, 2012, 148 (2): 235-267.

[18] 赵岩, 范文祥, 杨菁. 贸易结构对三次产业升级的作用分析 [J]. 中央财经大学学报, 2012 (4): 62-71.

[19] 高敬峰. 进口贸易提高了中国制造行业出口技术含量吗? [J]. 世界经济研究, 2013 (3): 29-34.

[20] 敖荣军, 韦燕生. 中国区域旅游发展差异影响因素研究——来自 1990~2003 年的经验数据检验[J]. 财经研究, 2006 (3): 32-43.

[21] 高铁梅. 计量经济分析方法与建模 (EViews 应用及实例) [M]. 北京: 清华大学出版社, 2009: 324-329.

[22] 刘汉辉, 侯军. 广东省第三产业与城市化协整关系的实证研究 [J]. 华南师范大学学报 (社会科学版), 2009 (2): 34-38.

# Tourism Earnings Differences, Foreign Trade Level and Tertiary Industry Growth

## —Based on the Comparative Analysis of Regional Differences in Guangdong Province

Peng Wang　Liwen Xie

(College of Economics, Ji'nan University, Guangzhou, Guangdong, 510632)

**Abstract**: The tourists and goods flows are the indirect ways of transferring production factors, which can lead the factors of capital and technology to flow and allocate in the tertiary industry. Meanwhile, both of them play the significant roles in promoting the growth of tertiary industry. This paper uses the statistical data of 21 cities in Guangdong from 2006 to 2012 as research objects, building the econometric regression model from the perspective of input and output of factors. Then it analyses the effects of tourism earnings and foreign trades on tertiary industries. According to different regions, the factors which influencing the growth of tertiary industry are compared and studied. The results show that the provincial tourism earnings take the positive effect on the added value of tertiary industry in Guangdong, and the effect of domestic tourism earnings is stronger than foreign exchange earnings from inbound tourism. The order of stimulative effects among regions from maximal to minimum is the Pearl River Delta, eastern and western region, mountainous region. The provincial import and export trades take positive effects on the growth of tertiary industry. The technology spillover produced in the foreign trade is benefit for the growth of tertiary industry. At the same time, the correlations between foreign trade and inbound tourism are mutually beneficial.

**Key Words**: Tourism Earnings; Foreign Trade; Tertiary Industry; Regional Differences

**JEL Classification**: O14

# 产业合作

# 中国台湾地区少数民族文化创意产业发展战略研究

曾惠珠

（台湾环球科技大学，中国台湾云林，64041）

［摘 要］台湾地区少数民族过去大多以渔猎、狩猎生活为主，需求方式为自给自足，甚至发展出“以物易物”的交换方式。过去生活物质条件虽不稳定，但少数民族部落中仍有共同规范的机制——例如族群中“猎物分享”原则。少数民族过去长期受外来文化及相关产业冲击与入侵，受原乡部落生存条件限制，皆不利于少数民族命脉长远发展。因此，若能以民族命脉的经济产业(含文创产业)，与部落周遭环境资源产业相结合，发展出富有特色的产业，相信原乡部落发展应有一番作为并获得契机。本文以中国台湾少数民族地区（水沙连区域）为例，特别是探讨在南投县境内两大原乡（仁爱乡、信义乡）相关产业资源中（手工艺品、农特产、部落美食等）文创所延伸的产品与在其部落整体发展中其困境与必要的发展策略是什么，希望在文中可看出些端倪，期待能为中国台湾少数民族地区勾勒出经济产业方向与相关文创提供可行策略。另外，中国台湾少数民族地区位处偏远，交通受限制，但其资源（自然生态、景观资源、人文历史）却是如此丰富完整，未来若能在文创产业议题上结合原乡资源，以经济产业为导向，积极地规划出部落产业发展方向，特别是以多元面貌发展出极具特色的产业——诸如人文生态、精致手工艺、生态旅游、休闲观光、部落民宿、风味美食等，相信未来定能成为少数民族产业发展的重要指标，同时也是台湾地区在经济复苏上不可或缺的重要元素（少数民族文创）。因此，有效寻求原乡部落整体发展关键因子，特别是在文创产业上的操作与推展，实在有赖于部落经济产业亟待转型，重新给予定位与生命。

［关键词］台湾少数民族；文创产业；文创策略

［JEL 分类］M19

## 1 前 言

每个国家依据其自身的传统文化及生活形态，所呈现出来的商品风格与格调迥然不同，具有极大的辨识性。试想，在全球充斥北欧风格、意大利风格、美式风格、日式风格等的环绕下，什么样的文化呈现可以成为台湾地区的风格特色？由于台湾地区少数民族文化是长久的根生文化，有别于其他外来的移民文化。在全球化趋同的今天，文化特殊性是发展一个国家或地区产业的特有优势，也就是文化产业的利基点，台湾地区少数民族文化产业毫无疑问地显现其重要性与独特

---

［项目基金］本文受广东省人文社会科学重点研究基地——汕头大学粤台企业合作研究院开放基金项目赞助。

［作者简介］曾惠珠，女，中国台湾人，管理学博士，台湾环球科技大学观光餐饮旅馆学系助理教授兼教务处副教务长，E-mail：hui@twu.edu.tn。

性。少数民族传统工艺品对外受到大陆、东南亚的以廉价生产进口的商品冲击而取代。从上述国家低价生产的少数民族商品，占去台湾地区少数民族所制作商品的一部分市场，致少数民族就业机会锐减，少数民族制作品失去原味，更使台湾地区地道的少数民族艺术变质、变样（林桂萍，2004：168）。另外，少数民族工艺对内又受同构型工艺坊相互模仿、威胁，所以无论是对内及对外，少数民族工艺皆面临强大的竞争压力。

文化产业亦可被视为创意产业（Creative Industries）；或在经济领域中被称为未来性产业（Future Oriented Industries）；或在科技领域中被称为内容产业（Content Industries ）。因此，未来台湾地区文化创意产业要成功地推动，必须精致化地方文化产业，提升质量、美感以注入文化及创意设计，建构属于台湾地区特色的产品风格作为全球化下识别的符号，使其在国际舞台上得到提升。少数民族文化是台湾地区根生的本土文化，文化内涵丰富且多元，亦是南岛文化发源地，极具“文化特殊性”。少数民族特色技艺诸如编织、琉璃珠、木雕、陶壶、皮雕等颇为多样，结合祭典传说、神话故事、特色农产品等，具备相当的国际识别性与竞争力，更是未来发展特色产业的基础利基。

虽然台湾地区少数民族拥有丰富的文化资源，但少数民族工艺产业一直以来似乎被认为是附属于观光兴致的纪念品，少数民族文化创意产品在市场上能见度也不高，而本文论述重点是借由少数民族工艺与文化创意产业结合的成功案例来分析，借其成功关键因素提升少数民族工艺的竞争力，让少数民族文化产业在文化与产业相互积累与转化过程中，得到一般大众消费的认知，以达到其永续经营的目标。

## 2　台湾少数民族分布及产业发展现况

### 2.1　少数民族分布

台湾地区少数民族计有 14 个族群（台湾地区少数民族依据汉化程度分成平埔族和高山族。平埔族居住在西部平原地区，与汉人接触已久，大多汉化，已失去其固有语言文化。高山族居住在山区及其附近，大部分保有其固有文化特质、语言及传统习俗），现将各族名称与其分布略述如下：

平埔族可分为 8 族，人口 10 余万人，各族分布大致如下：

（1）凯达格兰族（Ketagalan）：淡水、台北、基隆一带，现已近绝迹。

（2）雷朗族（Luilang）：台北、中和一带，现已绝迹。

（3）道卡斯族（Taokas）：苗栗、新竹一带。

（4）巴布拉族或称拍瀑拉族（Papora）：大甲一带。

（5）猫雾捒族或巴布萨族（Babuza）：彰化附近。

（6）巴则海族（Pazeh）：丰原附近。

（7）洪安雅族（Hoanya）：彰化、嘉义和南投一带。

（8）西拉雅族（Siraya）：台南至屏东一带，以及移往花莲县富里乡，台东县关一、池上等地。

台湾地区少数民族（高山族）依其分布与文化差异分为 14 个族群，人口为 52 万余人。大致分为如下：

（1）泰雅族（Atayal）：台中、埔里、花莲一线以北山区，包括台中、南投、苗栗、新竹、桃园、台北、宜兰、花莲诸县境内，现有人口 8 万余人。

（2）赛夏族（Saisiat）：新竹县（五峰、南庄）的五指山和苗栗县属的大东溪一带，人口 5000 余人。

(3) 布农族 (Bunun)：中央山脉两侧、南投、花莲、高雄、台东诸县境内，人口5万余人。

(4) 邹族 (Tsou)：南投、嘉义和高雄县境内，人口6000余人。

(5) 排湾族 (Paiwan)：南部知本山之南以迄恒春两端。包括高雄、屏东、台东县境内，人口9万余人。

(6) 鲁凯族 (Rukai)：台东、屏东、高雄等县境内，人口1万余人。

(7) 卑南族 (Pnyuma)：台东县境内，人口1万余人。

(8) 阿美族 (Ami)：分布于花莲、台东和屏东县境内，人口17万余人。

(9) 雅美族 (Yami)：分布于距台东之东40海里兰屿岛上，人口3000余人。

(10) 噶玛兰族 (Kavalan)：分布于宜兰、罗东、苏澳一带，以及移往花莲市附近及东海岸之丰滨乡（新社）与台东县长滨乡等地，人口2000余人。

(11) 邵族 (Thao)：分布于日月潭附近，人口600余人。

(12) 撒奇莱雅族 (Sakizaya)：花莲县新城乡、花莲市及吉安乡三个地区。目前有3个主要部落分布在花莲，分别是位于花莲市国福里及德安里、瑞穗乡马力云社以及寿丰乡水琏部落。人口约1000人。

(13) 太鲁阁族 (Truku)：花莲县秀林与万荣两乡，人口2万余人。

(14) 赛德克族 (Seediq)：仁爱乡春阳温泉一带，主要活动于台湾中部及东部地域，介于北方泰雅族及南方布农族之间。人口2万余人。

以上是目前台湾地区少数民族（含平埔族群）现况与分布，然而，因近年来台湾地区推动民主化过程亦让台湾地区少数民族相关权益受到关注与重视，目前台湾地区较具争议问题是平埔族群（西拉雅族）欲回归正名，取得少数民族身份议题，时至今日，台湾当局仍碍于身份相关规定问题，无法在短时间内处理，但仍积极为其相关文化与族语的振兴而努力，更可期待最后圆满的结果（与台湾地区少数民族14个族群对话、沟通）。一方面保持台湾地区少数民族的文化多样性，一方面促成其相关经济产业的丰富性。

## 2.2 原乡部落重要经济产业

### 2.2.1 部落原乡工艺产业发展现况

原乡工艺产业在推动部落发展过程中发挥着重要作用，除彰显部落文化外，最重要的是传承与保存祖先珍贵遗产——文化资产。近年来在台湾当局的积极引导下，原乡部落开始建置工作坊（编织、藤编）以发展工艺产业。过去台湾地区少数民族中泰雅编织技术是各族群的佼佼者，部落相关产品亦深受国外进口低廉、仿冒、高质量产品的冲击，部落相关工艺产品是否极具特色、精致与商品化，已成为影响与发展台湾地区少数民族工艺产业的关键。当然部落也因其条件、环境、信息的程度差异不同，生活思维表现也呈现于工艺作品中。例如，充满丰富文化及生态观，结合生活化的必需品（竹编、藤编、狩猎、番刀、捕鱼、传统工具、织布、传统服饰、塑料编、苧麻编、石头彩绘、杵臼、手工布染）等工艺品，均呈现质朴典雅及生动的自然特色，充分展现出原乡文化特质，然而这些产品大多仍维持在传统文化特色上的建构，若能在其产品上富于文化包装及创意营销思维上进行改进，应可再创少数民族工艺商品的奇迹。现就台湾地区整体工艺产业分析如下：

#### 2.2.1.1 工艺产业SWOT分析

原乡工艺推动发展系起步阶段，从产业（文化价值）论述中可知，大部分工艺品被收藏于私人或国内外博物馆，大多数工艺品均不具商业特色，仅有少数工艺品，因其规模、质量达到商业化水平，可成为常态性永续经营。因此，发展部落手工艺产业需做产业SWOT分析，来了解发展上的缺点和盲点，并规划应有策略。

2.2.1.1.1　工艺产业优势

（1）台湾地区少数民族工艺产品具有特色人文，且保有原始文化特质，若整理与推广，可成为休闲、观光贩卖主要产品。

（2）具有商业气息，这是对游客吸引力的最大诱因。

（3）产品带动部落观光休闲产业，提高部落经济产业能力及改善生活质量。

2.2.1.1.2　工艺产业劣势

（1）原乡大部分工艺品粗糙，质量差或原味无法呈现，不具商品化。

（2）产品呈现不出现有少数民族工艺文化内涵，难以升级发展文化产业，距呈现内涵表达原味尚有一大段距离。

（3）缺乏开拓性、创意性及营销能力。

2.2.1.1.3　工艺产业机会

（1）必须具有文化特色工艺品方能成为工艺产业。

（2）建立产业平台营销机制，促进发展部落观光休闲生态各种活动。

（3）发展工艺产业提供就业机会，繁荣部落地区，带来生机及活力。

2.2.1.1.4　工艺产业威胁

基本上应发展创新文化工艺产品，同构型工艺威胁性较大。

2.2.1.2　原乡工艺品产销问题症结

原乡工艺品产销可从其经营产业态度与相关部门指导及研发三方面论述：

2.2.1.2.1　部落居民产业经营心态

（1）自私自利、短视近利，彼此间信任感消失，无法与他人分享。

（2）较嫉妒他人才能与赚钱本事，甚至用言语攻击对方。

（3）不团结，无法达成共识，有时造成彼此相互猜忌。

（4）共同承包一件工作，无法合作，各行其是。

（5）想法故步自封，无法寻求探索新的信息。

（6）无法真正了解相关部门积极指导手工艺品的目标与目的。

2.2.1.2.2　相关部门指导问题

（1）相关部门培训计划过多，无法达到预期效果与目标。

（2）缺乏完整机制的培训方式，而且无法有效评估效益性。

（3）政府部门推动工艺品不具前瞻性与整合性，缺乏完整系统的规划策略，资源无法有效利用。

（4）原乡大多传承技艺系部落年老士绅或年长者，甚至参与人员亦都是老弱者，传承意味较薄弱。

2.2.1.2.3　工艺研发

（1）工艺材料成本及产品售价过高且部落同质化产品竞争力低。

（2）部落缺乏经营管理，营销概念与通路不足且狭窄。

（3）部落工艺师父生产技术过于复杂且不够专业，另外表达能力较弱，以致相关技艺研习或活动信息知识缺乏。

（4）部落手工艺产品相互抄袭且无原创性，严重威胁部落工艺产业永续发展。

（5）部落小区工艺产销组织不健全，在产销层面的信息与知识无法获得整合效果。

（6）部落小区居民对图腾滥用及智能财产权知识缺乏，仍需政府部门加以指导与规范。

### 2.2.2　原乡文化产业发展现况

台湾地区少数民族因无文字记载，致使许多可歌可泣的史实数据无法有效保存而逐渐退去与消失，过去仅凭口述数据，让些许记忆与珍贵史实保留下来，致文化历史资产几乎荡然无存。近年来，台湾当局大力积极推动原乡部落族语相关工作的建置，让文化传承得以延续与推动发展。特别是在部落乡土教育文化扎根工作，让原乡部落免于在世代间流失珍贵文化资产，尤其在21世纪外来文化冲击下，少数民族学子应积极保有传统文化与传承责任，进而让部落文化产业有计划且按系统收集及记录，通过珍贵遗产与文化内涵（传说故事、图腾、岁时祭仪、人文等）注入各项产业生命中，再积极地将珍贵文化资产永续传承与发扬。另外部落原乡正积极进行文化产业包装，增加商品能见度与接受度，就原乡相关经济产业资源在文化生活各种层面延伸，期待在文化信息上相互学习与尊重。

2.2.2.1 部落原乡文化产业SWOT分析

2.2.2.1.1 文化产业优势

（1）少数民族文化具有内涵及传承意味，若能详尽整理与呈现，可作为文化研究、休闲观光的最佳素材。

（2）原乡文化具有相当风俗、民情、习惯与生活特色，凸显生活特质，此关键因素是游客学习与融入原乡部落的重要方式。

（3）原乡文化结合周遭环境资源，成为生活哲学模式（生态智能），注入生态保育观。

2.2.2.1.2 文化产业劣势

（1）原乡文化史实资料不完整，大部分文史材料未经过整理，属口述轶事，整理耗时，若要确立其真实性，需多投入资源及人力。

（2）原乡传统文化内涵不具商业化特质，难以有效包装文化产业且难以产生特色。

2.2.2.1.3 文化产业机会

（1）文化应具有创意性、传承、特质才能成为文化产业。

（2）创新且整合性文化活动应寻求相关部门的支持与肯定。

（3）文化生态发展是原乡特殊产业——可创造出最大商机。

2.2.2.1.4 文化产业威胁

同构型文化间威胁较大，必须适合社会脉动或营造创新文化发展策略。

2.2.2.2 原乡部落文化产业问题症结

（1）文化不具有产业特色，无法吸引游客好奇前往参与。

（2）欠缺媒体包装，营销时间短暂，无法有效整合部落小区或邻近乡镇整体性的营销效果。

（3）交通不便且食宿未做整体规划，另外相关景点营造与导览解说欠缺，无法吸引游客长时间驻留。

（4）传统文化祭典保留文化禁忌（约制行为），无法让游客亲身体验与感受，形成了发展观光、休闲及维护文化的最大困境。

（5）缺乏部落文化解说机制及部落文史人员训练。

2.2.2.3 原乡文化产业发展策略

（1）确立部落人文数据建立（传说故事、缘由、人、事、物）发生点等。

（2）建立常态性产业活动——传统祭仪、祖灵祭，进行文化内涵与张力营销。

（3）加强部落文化信息网与媒体营销机制。

（4）加强部落原乡文化包装（传说故事、祭仪、工艺、织布、藤编、乐舞）等。

（5）部落应进行自我再学习，保持谦卑，进而参加国际性文化产业活动。

### 2.2.3 民宿产业发展现况

先进国家及地区如欧美、日本等在发展民宿上均有多年经验，迄今为止，民宿成为各国或各地区发展地区性观光的重要资源，台湾地区发展民宿较晚，由于民众守法观念淡薄，加上修法效率不彰及执法不力，民宿合法化成为发展民宿复杂且严重的问题，所涉及土地、建筑物等相关规定成为指导民宿发展的重要障碍。目前少数民族地区合法化的民宿不多，仍缺乏有效的指导机制。

#### 2.2.3.1 少数民族民宿产业SWOT分析

##### 2.2.3.1.1 民宿产业优势

（1）少数民族民宿位于好山好水的美景中，是提供游客接触少数民族文化及体验大自然景观的重要媒介。对远离都市享受田园山林生活民众有极大吸引力。

（2）通过民宿主人的服务与热情，增进都市人对少数民族文化的了解与认同。

（3）民宿有丰富的生态资源，如蛙类、昆虫、民族植物等，是重要的观光资源。

##### 2.2.3.1.2 民宿产业劣势

（1）地处偏僻，交通不便，信息取得不易且游客不易获知。

（2）土地权利与建筑使用多不符合相关规定。

（3）经营方式欠缺有系统的管理模式。

（4）民宿质量参差不齐，安全大多不符合规定。

（5）民宿业者缺乏资金，难以改善现有设施，且贷款不易，对民宿经营不易改善。

##### 2.2.3.1.3 民宿产业机会

（1）民宿必须整合区域所有观光资源，以套装旅游为营销主轴，吸引游客。

（2）有关单位宜适度开放土地及建筑限制规章，以利于少数民族地区民宿的合规化。

（3）结合文化、生态景观、工艺餐饮等复合式经营，才可能满足消费者需求。

（4）办理民宿经营管理相关训练，全面提升少数民族民宿业者的竞争力。

##### 2.2.3.1.4 民宿产业威胁

（1）环境卫生亟待改善。

（2）土地定位不准，造成无法合规化。

（3）民宿业者缺乏经营管理及营销理念，无法提升服务质量。

#### 2.2.3.2 目前少数民族民宿产业发展问题

（1）少数民族利用其住屋改建成民宿，有时难以符合民宿管理办法的基本规定。目前少数民族民宿建筑物所使用土地多属少数民族保留地，必须申请土地使用权同意书，民宿合规化涉及诸多土地利用、建筑执照及消防问题，加上承租财产局及林管处用地，合法化更加困难。

（2）各地方在推动民宿审核上有不同标准。加上民众不谙相关规定，证件申请常不齐全且申请繁复，也被误解为过度刁难。许多少数民族为了合规申请民宿经营，尚未营业即面临补缴罚款，这些均是目前从业者不愿申请合规化的主要原因。

（3）部分少数民族在财力条件许可下，宁可选择建筑新的房舍，以符合相关规定及限制，并顺利取得民宿执照。

（4）少数民族合规化民宿经营缺乏正面的长期辅导机制，多数民宿经营者均处于自行摸索及学习阶段。

#### 2.2.3.3 民宿产业发展策略

少数民族地区民宿多处于好山好水中，虽然相关规定限制是维护台湾地区自然资源的必要措施，也是提供游客享有优良旅游质量的保障，因此民宿管理办法也希望在不破坏山地自然资源原则下，辅导有心经营民宿业者就地合法，使少数民族民宿在建筑、餐饮及服务质量上发挥其族群特色，而有别于现代旅馆经营。因而其策略有：

（1）民宿合规化推行需建立民宿辅导机构或少数民族民宿咨询中心，为民宿经营及合规化略尽绵薄之力。

（2）对民宿业者进行经营管理训练及服务态度的辅导，进而加强环境绿化，建立有少数民族风格及风貌的少数民族民宿。

(3) 建立特色民宿产业策略联盟及营销，将部落传说、神话、生活体验、生活智能及生活方式、歌舞、祭仪、服饰及工艺品均融入民宿产业中。

(4) 地区建立民宿辅导组织，将民宿建设为地区产品的营销据点，建设民宿网站及网页等，有效促进营销的机制。

### 2.2.4 部落生态、观光旅游产业发展现况

台湾地区孕育着亚热带、热带及寒带的各种自然景观资源及丰沛的生物资源。然而，随着土地农耕制度快速扩张及森林资源过度开发，可谓近百年来对中低海拔的生态资源恣意破坏，造成今日的种种生态浩劫，如泥石流及灾害频繁发生等。目前台湾地区的生态净土仅存在于低开发地区海边及少数民族所拥有的少数民族保留地，少数民族地区是充满着好山好水及生物资源丰富的区域，是今后发展生态旅游的重要资产，更符合台湾当局推动发展最佳生态旅游及使观光客倍增的规定首要推动的重要地区。过去少数民族委员会委托静宜大学调查全台湾少数民族地区，并强力推荐（12 条旅游线路）包括：桃源乡、大同乡、和平乡、光复乡、尖石乡、南庄乡、茂林乡、泰安乡等地区，以及屏东县雾台乡、三地门乡及嘉义县阿里山乡茶山村、山美村的达娜伊谷等区域，这些地区在文化生态保育上较适宜发展部落生态旅游产业。

#### 2.2.4.1 部落生态观光旅游 SWOT 分析

##### 2.2.4.1.1 生态旅游产业优势

(1) 少数民族地区具有自然景观及生物资源优势，是发展生态旅游及观光的重要基础所在。

(2) 少数民族地区孕育着好山好水，且蕴藏有丰富的瀑布及温泉，非常有利于发展观光。且温泉资源普遍存在于少数民族地区，可以配合发展生态旅游产业。

(3) 少数民族具有优势文化产业。如赛夏族矮人祭、邹族及阿美族丰年祭、排湾族五年祭、卑南族大猎祭等，均是台湾地区发展观光产业的重要利器及特色。

##### 2.2.4.1.2 生态旅游产业劣势

(1) 大部分少数民族地区处于未开发状态，地处偏远，交通不便，发展生态旅游及观光产业缺乏服务性设施及安全性设施。

(2) 少数民族地区发展生态旅游正处于发展初期，许多路线仍待勘查及整理。成套行程及食宿大部分亦未完备，若没有足够的生态特色，较不易发展生态旅游及观光产业。

(3) 少数民族地区的生态景观、生物多样性及文化均缺乏详细调查。

##### 2.2.4.1.3 生态旅游机会

(1) 少数民族文化及生态均具有相当特色，是发展国际观光及生态旅游的最大诱因。

(2) 将少数民族文化与生态发展相结合，生态旅游产业才有机会。

##### 2.2.4.1.4 生态旅游威胁

同构型生态资源会彼此产生威胁及竞争，若地区没有生态及文化特色，其他平地的观光资源可能取而代之。

#### 2.2.4.2 生态旅游及观光产业发展问题

(1) 部落生态旅游规划行程不佳，机制尚未建立完整。

(2) 部落观光产业较无特色，自然景观及生态特色营造不足。

(3) 原乡部落交通网络不便、路况不佳。

(4) 部落食宿与服务质量欠缺，且风味餐不具特色，卫生条件差。

(5) 相关景点安全设施营造尚待加强。

(6) 部落生态旅游与观光产品商业化概念不足或过于昂贵。

(7) 生态导览解说机制及资料不完善，组织及人才训练尚未完善。

(8) 部落小区营造多元化概念不足。

(9) 缺乏部落全貌示意图、观光生态折页及指示牌等。

(10) 部落小区外围环境过于凌乱，欠缺美化营造。

(11) 外围产业发展与小区规范和管制欠缺，影响生态观光旅游质量。

(12) 部落民宿、美食、手工艺坊、解说员缺乏，影响部落发展。

2.2.4.3 生态旅游及观光产业发展策略

推动包含生态、观光、文化、农林业等的观光产业，以生态观光旅游结合当地文化、生态及自然资源并能吸引消费者，以创造部落居民就业机会。其经营策略有：

(1) 系统规划有观光潜力的少数民族地区、观光景点及生态旅游路线，协助建立观光产业网站，加强外围公共设施及服务性设施，带动地区产业发展。

(2) 协助地区建立产业发展协会等组织，整合地区观光产业资源，并开展解说人员训练机制及课程。

(3) 少数民族观光及生态地区有必要建立总量管制机制，环境开发利用及经营管理要合乎生态原则或生态工程。对于生态资源的维护及管制仍需建立管理机制。

(4) 好山好水、瀑布及温泉均为少数民族观光产业发展的重要项目，宜先进行评估及规划。

**2.2.5 少数民族农业发展现况**

台湾地区少数民族保留地有 26 万余公顷，能提供耕作使用者约 15 万公顷，农牧用地 5 万余公顷，大部分经营方式均相当粗放，生产上很少使用农业设备，生产技术简单，产出自然差。许多土壤资源闲置，不合乎经济效益。不同地区农业发展条件各异，所面临的问题亦不相同，因此需有不同的调适策略。

2.2.5.1 少数民族农业 SWOT 分析

2.2.5.1.1 少数民族农业优势

(1) 民族植物（如昭和草、山胡椒、土肉桂等）、特用作物（高山茶、小米、爱玉子、山苏等）、热带果树（荔枝、杧果、菠萝释迦等）及温带果树（水蜜桃、加州李及梨等）具有地区农特产品特色及产期调节的优势，在产销上具有相当大的优势。

(2) 配合文化产业活动，发展少数民族风味餐及当地营销，可以表现族群产品的差异性。

2.2.5.1.2 少数民族农业劣势

(1) 少数民族农民缺乏经营技术及经营理念，产销上无法产生较大的经营效益。

(2) 少数民族农民生产单打独斗，没有组织概念，无法发挥产销功能。

(3) 部落有些产品，如茶叶、竹笋等，易受国外进口低价农产品的影响。

(4) 部落产品多为初级农产品，加工及精致化程度不高，影响农产品产销通路，尤其加工产品，如苦茶油、桂竹笋等，均受限于加工厂规模及机械运作能力。

(5) 产销渠道太狭窄，农民不了解消费市场信息。

(6) 没有成本及理财观念，不易提升产值。

(7) 产销组织不健全且运作能力不佳，生产和营销完全脱节。

(8) 农业仅重视传统生产技术传授，很少整合地区产官学及专家进入地区指导。

(9) 农作物产出低微，加上无充裕资金改善生产设施，无法对农业进行投资。

(10) 少数民族传统领域、保留地发展产业均涉及土地规划、土地开发及水土保持等相关问题，不利于农业发展。

2.2.5.1.3 少数民族农业机会

(1) 具有民族特色的植物及农产品，如昭和草、山胡椒、刺楤、土肉桂、山苏、洛神花、小米、爱玉子、荔枝、杧果、菠萝释迦等才有竞争力，才有发展机会。

(2) 配合文化活动及休闲观光发展本地风味餐及农产加工品。

(3) 少数民族地区在发展有机农业上需要更适合的规划。

2.2.5.1.4 少数民族农业威胁

同构型农产品间威胁性较大，地区性少量化、多样化农产品较有发展潜力。

2.2.5.2 少数民族农产业发展策略

少数民族部落农产业应遴选优势农作物种类并辅导其产销管理，使其成为部落特色产业，并强调开拓市场渠道及产品加工，以增加产品附加价值及提升产品竞争力。通过地区传统少数民族文化活动及农特产品促销活动，整合个人、组织与建立策略联盟机制，而促进部落整体发展。于原乡首要指导策略有：

(1) 原乡未来走向应朝观光、生态保育及产业文化等方向转型，农产品应就地消费与发展少数民族风味餐。

(2) 原乡应发展原生植物并寻找出特色。例如食茱萸（tana）、山胡椒（maqaw）、山苏（giri）、龙葵（Wasyah）等美食的原生植物。

(3) 原乡产品应结合当地特有文化与节庆（绿色博览会、童玩节），加强文化观光产业活动展演，成为一种新兴产业。

(4) 发展高经济作物培养与自然生态资源的利用，例如台湾山苏、爱玉子、食茱萸、山胡椒等，同时原乡应加强技术及产品创新，增加附加价值。

(5) 注入农产业经营管理与生产成本的新观念。

(6) 积极建立学习机制、提供产业经营与市场信息及改变消费者行为。

(7) 积极建立各种营销管道通路，发展信息化网络与媒体营销。

(8) 原乡农产品应朝特色化、多样化、精致化生产模式发展，并联合邻近小区相关资源营销，提升产业竞争力。

(9) 积极辅导部落农产品促销活动。

(10) 辅导原乡共同合作及委托经营计划，并结合观光产业、休闲产业、森林资源、观光游憩、休闲农场、民俗工艺、民宿的经营。

(11) 协助原乡产业资金融通及产业经营，取得经营效益；另有效规划发展小米酒酿制，营造独具地方文化特色的酒庄。

# 3 未来环境预测——以台湾地区少数民族而言

## 3.1 外在因素

### 3.1.1 知识经济与全球化竞争

知识经济（Knowledge Economy）是指直接建立在知识与信息的激发、扩散和应用之上的经济。因此，创造知识和应用知识的能力与效率会凌驾于传统的土地、资金等生产要素之上，成为经济不断发展的动力。经济全球化（Economical Globalization）意指个人或厂商可自由地从事跨国经济活动，以及因技术创新，通过贸易及资金流动，加深经济整合的一种过程。在全球竞争环境下，创新能力及技术的重要性取代过去自然资源、非技术劳动力及资本投入等传统生产要素地位，技术的扩散与技术的引进能力，逐渐成为企业竞争的关键因素。

### 3.1.2 人口结构变化

在人口结构变化方面，“人口老龄化”（aging of population）与“少子化”已逐渐成为全球先进国家和地区的共同现象，此时劳动力与新兴需求的相对变化，将成为经济发展的重要政策议题。台湾少数民族部落在目前既面临年轻人口大量外流，又必须面对未来劳动结构性的变化，因而原乡部落产业发展规划有必要朝向更精致的文化、创意与服务进行结合，以创造蓝海市场边际需求等，符合未来新人口结构生活形态产业。

#### 3.1.3 信息网络科技技术快速发展

信息网络科技的广泛应用，激发知识产生、扩散与应用，更提高产业科技化与知识化程度，以集体参与、集体创造的新创模式，带动许多网络上的创新服务（innovation service），形成不同的社群服务，提供借力使力、以小博大的新机会，以及在广大的网络使用者间形成科技化服务的新趋势。

#### 3.1.4 能源与资源不足

国际原油价格攀升，除了中东地区地缘政治不稳定、原油闲置产能有限、气候、避险与投机基金介入等因素，中国及印度等新兴国家对原油市场的强劲需求，亦为关键性因素。另外，伴随着新兴国家经济的快速发展，带动生产要素的迫切需求，亦使得相关原物料价格持续上涨，冲击全球经贸的稳定发展。

#### 3.1.5 全球气候变迁、暖化

近年来全球气候异常暖化，各国频传灾难发生（泥石流、洪水、飓风、地震、火山爆发、暴雪、火灾等），迫使全球各国重视环境与生态保育等相关议题，先前哥本哈根领袖会议虽未有共识，但已逐渐影响全球未来的政策推动，应重视环境保护，可想而知全球少数民族应是此次气候变暖的最大受害者，如何进行少数民族传统知识整合与兼顾生态保育相关议题，以永续发展少数民族的族群命脉。

### 3.2 部落内在因素

#### 3.2.1 民间投资动能无法进入部落

长期以来，少数民族实行土地所有权与使用权分离的制度，且部落政治生态与组织形态不稳定，无法有效累积资本与其规划运作，也让投资人缺乏投资意愿。因此，有必要多方寻求新的投资动能，以因应部落未来产业经济成长。

#### 3.2.2 产业升级未能带动部落转型

所谓技术革新，是以现有产业技术优势为基础，通过与其他产业技术的融合，创造出共同合作的效果。至于需求导向型革新，则是通过品牌、设计、营销等实际反映市场需求的策略，进行市场差异化活动，以创造出新的市场机会或新的产品。然而少数民族部落产业所需要的革新与需求，在市场区隔的限制下，仍无法随之升级，其关键在于部落产业人力不足外，更缺乏整体及有效力的政策推动。

#### 3.2.3 新兴产业发展与部落差异

过去台湾地区借由技术引进发展产业的模式，让台湾厂商成功在国际产业分工价值链上占有一席之地，但对离开部落外出寻找机会的台湾地区少数民族而言，大多从事底层且低阶段的工作，对部落产业实质或有用的技术，皆难以引入与接受。未来台湾地区积极投入前瞻性（Foresighted-ness）科技研发、创新、知识密集型产业形态，进行跨领域科技整合新兴产业的发展，才能有效创造领先技术。因此，如何将部落独具文化特色产业，通过传统知识（Traditional Knowledge）的创新与产销通路，让部落有机会参与及分享，真正发展属于原乡的产业。

#### 3.2.4 产业均衡发展

全球化风潮及人口结构变迁等因素，逐渐引发国内失业与贫富不均等问题。少数民族部落亦在主流社会的失衡发展中，陷入部落社会组织结构转变与产业的贫穷与萧条。未来产业政策规划，除更应特别注入人文社会关怀外，针对部落小区小产业发展应兼顾社会公平正义，以避免部落产业遭到边缘化（edge）。如何导入企业精神，扶助部落企业发展，也是发展部落的重要思考方向。

## 3.3 少数民族产业问题评析

当前，少数民族部落产业发展，不能只重视主流社会脉络发展趋势 特别是在资本主义市场经济体系下仍主宰着相关产业发展（两岸观光休闲、生态旅游等）相关议题，限制弱势族群平等发展与公平发展部落产业的机会。因此，通过产业议题（观光休闲、生态旅游或其他）的探讨，在未来少数民族市场经济体制上寻求改变，应彻底检讨未来台湾地区少数民族产业潜能，特别是以积极态度处理，未来在大陆旅客就原乡部落的观光议题实质与部落（经典部落）进行参观与互动，有效地在主流社会体系脉动中整合。如对部落生态、旅游休闲、人文特色、图腾建筑、景观维护、自然资源、部落美食等议题，进行探讨与分享，以永续发展推动台湾地区少数民族产业整体长远发展。台湾地区少数民族部落产业现况和环境所面临的问题，大致有如下几个方面：

### 3.3.1 部落产业人口

由于缺乏系统性的数据供调查和分析，且有关少数民族文化素材方面保存不足。因此，有关少数民族产业发展的项目和发展状况等数据，缺乏完整的统计资料，对于掌握从事少数民族产业人口与发展形态及相关产品特性，比较难突破，更遑论建立部落系统性的产业发展结构。因而，有效地整合部落产业与积极建置相关产业人口数据，应是当前的首要课题。

### 3.3.2 产业发展计划缺乏整合协调机制

台湾当局对于相关少数民族产业计划推动，虽有相关法规作为依据，但计划内容和推动机构、对象，以及所运用资源之间，缺乏整体配套措施。因此，常出现计划内容类似，或者机构、资源与服务对象集中于少数人的情形，导致计划推动阻力加大，甚至部落人力资源难以整合，造成部落争议频传。因此，产业发展计划应在推动方面有一套系统性的整合机制（conformity mechanism），以便协调计划的整体进度和发展进程，例如设置产业专管中心与相关区域的辅导规划（拟委托学术单位、辅导单位）。

### 3.3.3 推动少数民族产业发展有关规定不足

有关推动少数民族产业发展的规定除少数民族基本有关规定以外，其他规定可说付之阙如，并且就此规定而言，并没有非常系统性的对少数民族产业发展的配套措施部分详细加以规定。因此，少数民族产业发展的落实不应该只是依靠一些零星的规定，而应全盘地有系统地检讨现行少数民族相关规定，制定出较适宜部落需求及依据少数民族有关规定的精神，落实推动发展部落及维护少数民族权益的相关规定，制定出永续发展部落产业的完整规定。

### 3.3.4 推动少数民族产业发展课程、设计不易

少数民族产业辅导及研习等培训计划数不胜数，然而在各方案计划推动过程中，从方案计划撰写、目标拟定、对象需求掌握、师资聘请到课程规划、教材设计等非常重要，特别是课程的规划和教材的设计，应是少数民族产业发展内涵的核心。然而缺乏系统性的少数民族知识系统建构，及相关师资人才的投入，少数民族产业的课程和教材内涵始终非常单一，无法与现行营造部落过程相结合，对相关政府单位进行经费投入，亦无法做有效的整合。因此，亟须相关少数民族产业人才的投入和参与，以提升部落产业的绩效。

### 3.3.5 提供少数民族产业发展环境和机会不足

当台湾地区"政治"逐步走向民主化之后，少数民族部落的族群意识与部落振兴的倡议也越来越受到重视。当中少数民族文化的主体性和文化的保存价值亦受到更多重视、肯定。台湾地区社会普遍推动产业升级计划，倡导新兴产业之际，少数民族社会同时也掀起部落产业发展风潮，开始强调部落产业各种方案与活动。然而，就整体资源而言，政府对少数民族部落的资源投入数仍明显不足。毕竟偏远的部落非常多，在交通、设备等环境条件上显然是和都市地区有着相当大的落差。总而言之，少数民族社会由于长期经济落后、文化条件不足，教育资源贫乏，且当局对

少数民族产业发展资源提供，仅止于零星计划经费补助或提供活动方案，未能在攸关永续部落发展的议题上作全貌性的规划与策略上的整合。因此，需借由少数民族部落产业环境和机会的检视，充分掌握少数民族产业的条件和资源，将来提供少数民族产业发展方案中重要的参考依据与方向。

#### 3.3.6 缺少对少数民族部落产业发展的系统性规划

在推动该地区少数民族的产业政策方面，缺乏一套有效的策略，在各执行单位发展过程中所提供的补助和辅导方式始终是不明确且消极被动的。尤其是经费和管理方面，仍被动地期待有更多的经费投入，缺乏将部落产业发展机制主动纳入地方施政主轴考虑。因此，如何借由相关规定的引导，以便将少数民族的产业发展机制纳入地方的经常性施政计划中乃是改善少数民族产业环境及提升少数民族产业发展的重要课题。

#### 3.3.7 台湾地区政策执行与协调不彰

有关少数民族事务繁杂、多元，然而此相关机关却无法有效整合，致有关少数民族政策（教育、文化、建设、经济、社会、产业等）仍各行其是，更遑论在经费投入与行政上的协调。因此，未来在相关部门与地方单位，应积极处理、规划有关少数民族事务的推动，纵横协调与联系，无缝接轨才能成就少数民族大业。

# 4 文化创意产业阐述

## 4.1 文化创意产业的定义

英国创意产业特别工作小组 1998 年首次定义“创意产业”，即“源自个人创意、技巧及才华，通过智慧财产权的开发和运用，具有创造财富和就业潜力的产业”。英国据此将广告、建筑、艺术和文物交易、工艺品、设计、时装设计、电影、互动休闲软件、音乐、表演艺术、出版、软件、电视广播 13 个行业确认为创意产业；创意产业是指以无形、文化为本质的内容，经过创造、生产与商品化结合，并获得智慧财产权的保障，采用产品或者服务形式来表现的产业。

而台湾地区经济事务主管部门文化创意产业推动办公室，针对文化创意产业定义如下：

（1）文化（culture）：是人类活动的模式、产物、工具、规章制度、痕迹、符号化结构、心智历程等。例如音乐、文学、绘画、雕塑、戏剧、电影等。

（2）创意（originality）：是一种创新与突破能力的举动。

（3）产业（property）：产出价值之物、权。

经汇总各地对文化创意产业的定义如表 1 所示。

## 4.2 文化创意的价值创造

表 1 文化创意产业的定义

| | |
|---|---|
| 台湾地区经济事务主管部门文化创意产业推动办公室（2003 年） | 源自创意或文化积累，通过智慧财产的形成与运用，具有创造财富与就业机会潜力，并促进整体生活环境提升的行业 |
| 香港大学文化政策研究中心总监许焯权 | 一个经济活动群组，开拓和利用创意、技术及知识产权以生产并分配具有社会及文化意义的产品与服务，更可望成为一个创造财富和就业的生产系统 |
| 英国文化媒体运动局（Department for Culture，Media and Sport，DCMS）（1997） | 英国则定义为“以个人创意、技艺、天赋为原始构想，经由智慧财产权的发明与探索，所形成的具有创造财富与工作机会潜力的产业” |

续表

| | |
|---|---|
| 联合国教科文组织（UNESCO）创意产业（creative industries）定义 | 结合创作、生产与商业的内容，同时包括内容的本质，具有文化资产与文化概念的特性，并获得智慧财产权的保护，而以产品或服务的形式呈现；从内容上来看，文化产业可以被视为创意产业，包含书报杂志、音乐、影片、多媒体、观光及其他靠创意生产的产业 |
| 中国香港 | 那些源自个人创意、技能和才干的活动，知识产权的生成与利用，有潜力创造财富和就业机会 |
| 加拿大 | 艺术与文化被界定为文化产业，包括实质的文化产品、虚拟的文化服务，也包括著作权的基本概念 |

文化产业三大要素：美感、价值和故事（刘大和，2006：98）。

影响创意品价值的因素主要为产品本身创造力的具体表现，其取决于产品的原创性、价值感、整体性三大要素（Sobel & Rothenberg，1980）。创造力分析如表 2 所示。

## 5　少数民族文化创意产业发展的劣势

**表 2　创造力分析**

| 创造力三要素 | | 少数民族手工艺品应有的具体表现及建议 |
|---|---|---|
| 原创性 | 领先性 | 应提升专业知识与技术 |
| | 独特性 | 独一无二，不易模仿 |
| | 稀有性 | 手工制品，故为限量品 |
| 价值感 | 文化性 | 具少数民族文化元素 |
| | 时尚性 | 将传统技术转变为新技术，具时代感 |
| | 价值性 | 应注意社会趋势与创意 |
| | 意义性 | 对手工艺品应给予其意义或故事性 |
| 整体性 | | 原创性与价值兼顾 |

在执行层面上少数民族文化产业之路还未走稳，又需面对跳级至创意产业的难题。“创意”“设计”“品牌”“风格”是全球化的潮流，创意产业的核心是设计力，但少数民族创意设计专业度与定位模糊不清，这反映了少数民族产业的根本问题。

反观少数民族整体产业发展过程，好作品多未出现、品牌尚未建立，就急忙推上生产线与营销，并着力于异国情调的市场消费吸引力（卢梅芬，2007：22），但如何从下游生产跳跃成上游的创意设计？少数民族需先形成一个好的养成环境，培养设计师及开展美学养成教育，重新深度认识自己的文化，最重要的是注入人力，毕竟没有传承就无法延续文化，文化创意也就无法显现与落实，毕竟，跳级是非常人之所及。

部落产业的发展便扮演着极其重要的角色，如何规划偏远部落产业的发展与辅导机制，让部落本地组织与产业经营能结合，共同开创原乡部落另一个春天，应是台湾当局优先重视的课题。

现阶段少数民族文化艺术产业发展面临的问题有以下三点：

（1）部落工艺品资源与产品市场价值待开发。大多数少数民族地区所贩卖的产品缺乏特色风格，在消费者印象中仅为一般有“少数民族图腾”的纪念品，在产品设计上，作品皆过于流于表面。整体部落特色产品缺乏系统规划，造成各部落产品多数相仿。因此，发展具有不同少数民族群特色的农特产品与工艺品，借以区分产品市场，创造其产品附加价值。同时应避免少数民族传统文化产业沦为过度商品化，应全面掌握少数民族部落工艺的特色文化、类别，筛选出具有发展潜力和高竞争能力的产品，并加以适当的辅导及训练，使工艺品不但具有内涵创意性、艺术性、代表性，且具有观光化、国际化、产品化的条件。

(2) 部落特色产品产销推广的模式待改善。少数民族产品展售产销渠道一直不够畅通，在土特产品方面以往多经由行口收购，造成少数民族利益遭到严重剥削，因此，解决产销通路是一个迫切的课题。除此之外，对于少数民族工艺品则应适度商品化，将少数民族工艺品区分为可供收藏的艺术品与生活工艺品，让少数民族特色产品经由适当的文化包装，强化产品的附加价值，将弱势的少数民族文化转换成独具特色的文化，结合部落休闲产业发展以建立地产地销机制。

(3) 部落产业发展需兼顾特色与资源永续经营。产业是社会经济的命脉，对少数民族弱势族群而言，发展部落产业尤为重要。众所周知"好山好水"是少数民族"第一宝"，"传统文化"则是"第二宝"，因此，未来少数民族产业发展成功的关键，仍在于是否能结合其传统文化特色、自然生态景观资源与少数民族美食，创造商机并发展成为具有体验、学习、教育与休闲功能的部落观光产业之旅，善加运用本地资源以增进原乡就业机会与少数民族经济收益。

# 6　少数民族文化创意产业的改善方式

台湾地区少数民族为迎接产业发展的挑战，对于"文化创意产业"的引进也必须有所思考。这是因为传统产业在全球化的格局之下，其获利率已越来越少。而新兴的高科技产业，对于少数民族而言，其发展也不是一蹴而就的。因此，选择具有地方特色、民族特色的文化创意产业，似乎是最明智的选择。

但少数民族在发展文化创意产业时，应考虑以下几点：

## 6.1　选择与"创意生活产业"相关的目标

文化创意产业可分为"文化艺术核心产业""设计产业""创意生活产业""创意支援与周边创意产业"四大类，其中"创意生活产业"最具民族特色、所需资本较低、风险最低、所需文化内涵最多，而新兴科技的运用较少，故台湾少数民族文化创意产业的发展，宜以"创意生活产业"为主。"创意生活产业"包括地方文化特色产业、运动休闲产业、观光旅游产业等。

## 6.2　选择"产业化"的项目而非"公益性"的项目

在艺术行业中有一部分是属于"公益性"或"准公益性"的文化，这部分需要台湾当局的支持和投入，但是，在艺术行业中还有很大一部分是属于"服务"与"经营"的文化，则应该积极导入实行"产业化"。由于"公益性"的项目需政府经费支持，为使少数民族的文化创意产业更具有主体性及永续性，应尽量避免选择"公益性"或"准公益性"项目。

## 6.3　应发扬少数民族的"生活美学"

生活美学乃是文化创意产业的重要一环。少数民族传统中的"生活美学"应视为珍宝，并予以重新包装和产业化，使之适合现代人的需求。

## 6.4　应重视策略联盟

由于文化创意产业大多不需庞大的资本即可运作，因此常易造成个体户林立的现象。但小规模的商家不易进行市场营销，故应重视策略联盟，以达到整理合作营销的效果。例如，成立联合网站、联合通信等。

### 6.5 体认多数的文化创意产业，创意仅是手段，而非目的

多数的文化创意产业，创意只是手段，经济效果才是目的（就如同“知识经济”,“知识”也是手段，“经济”才是目的）。然而，许多从事创意产业的人，最后会迷恋于一己之创意，遂致忽视现实而不可自拔。其实艺术才是以创意为目的，至于文化创意产业则仍应以经济效果为目的。若混淆手段与目的，则将本末倒置。

若是作品流于表面，直接将图腾套用在产品上，或是过于注重文化产品，而缺少了内涵，将造成如现今一般消费大众难以接受。

### 6.6 应争取更多公共空间的设置

文化创意产业的发展，通常需要具有美感的公共空间以为辅助。故台湾地区的少数民族，应向有关部门，或以自力争取更多公共空间的设置，如博物馆、美术馆、剧场、公园、游乐场、花园等。有了这些公共空间，文化创意产业的发展才有足够的条件。

## 7 运用少数民族文化元素进行事件营销的成功案例

### 7.1 文化元素的定义

足以用来象征、代表某一组织、社会、种族、国家的信仰与价值的“实体”或“非实体”的事物，称为文化元素。

### 7.2 何谓事件营销

企业借由制造一些事件，引起媒体、社会大众对企业产品与营销活动的注意。企业整合本身资源，通过具有企业力及创意性的活动或事件，使之成为大众关心的话题、议题，因而吸引媒体报道与消费者参与，进而达到提升企业形象，以及增加商品销售的目的。例如：海角七号（马拉桑）、赛德克·巴莱（纪念酒）等。

### 7.3 案例分享——以南投县境内推荐产品为例

#### 7.3.1 琉璃珠

一般消费者只知道排湾族有琉璃珠，但是不知道琉璃珠有多少种，每一颗的含义是什么?《海角七号》电影成功地利用其去创造消费者对产品的好奇心与文化知识，并思考主流社会比较容易接受的产品，且尽量去找寻对方可以听懂的语言和能够接受的角度来传递少数民族最传统的思想。

《海角七号》电影成功地利用电影及事件宣传，将屏东三地门施秀菊老师“蜻蜓雅筑”工作坊里的琉璃珠及每颗珠子的意义，运用于电影中的角色，例如阿嘉的“勇士之珠”、友子的“孔雀之珠”、茂伯的“日光之珠”、水蛙的“手脚之珠”——代表的是智勇兼备的意思，还有劳马的“泪痕之珠”——充满怀念以及不舍的意思，大大的“蜻蜓眼珠”——片中称为“祖灵的眼睛”。

#### 7.3.2 南投信义酒庄（“小米唱歌”“忘记回家”“长老说话”“梅子跳舞”系列）

“山猪迷路”酒名结合少数民族故事。

信义乡平地人和少数民族各占一半，在思考什么是信义乡的当地文化时，很自然地便以少数民族文化为出发点，酒庄设计的几款酒名，“小米唱歌”“忘记回家”“长老说话”，背后皆深富少数民族的意涵。

“山猪迷路”是一个结合了少数民族的经典故事。事实上，信义乡的酿酒文化，早在日治时期

就开始了，当时日本政府严格管制制酒，一般农家只能私自酿酒，为了不被别人发现，农家都会选在夜晚时，在一片漆黑的密室中酿造，酿完酒再将酒糟带到遥远的山谷中丢弃，然后回家，没想到山猪吃完酒糟，酒醉后冲到灯火通明的农家，因此被少数民族戏称为“山猪迷路”。

“小米唱歌”“忘记回家”“长老说话”“梅子跳舞”等是信义乡农会转型为观光酒庄后的辅导作品，借由展现少数民族文化的酒类产品，希望让外界认识信义乡。

#### 7.3.3 《海角七号》马拉桑——代表的是“会是丰收的一年”

挟带《海角七号》的超高人气，人们一定对里面的小米酒“马拉桑”印象深刻，电影爆红后，这款小米酒也跟着声名远播，许多人都在问，“马拉桑”在哪里买得到？外围商品跟着大红大紫，影片意外带出台湾地区农产品的商机，也间接照顾到农民的生计，更使信义乡农会知名度大增。

#### 7.3.4 花莲丰兴饼铺（杜伦）

丰兴饼铺凭着早期做麻糬的经验，运用小米研制“粟糬”并以少数民族对小米麻糬的传统发音“杜伦”为其名，随后又将花莲盛产的蕃薯制成“花莲薯”，由于备受游客青睐，地方上的糕饼业者也纷纷跟进。如今名闻遐迩的花莲名产——小米麻糬和花莲薯即创始于丰兴饼铺。

#### 7.3.5 魏德圣所拍摄的“赛德克·巴莱”纪念酒

信义乡农会“马拉桑”酒因电影《海角七号》而成功营销，为继续支持导演魏德圣筹拍新作《赛德克·巴莱》，农会特别赞助 1000 万元，推出限量 1 万支纪念酒，内装香醇梅酒，外形神似山猪牙，也有人说像少数民族的弯刀，该瓶身使用莺歌陶瓷，埔里造纸业者也提供呈现传统藤编效果的包装纸盒，从里到外百分之百台湾地区制造，预估电影杀青后也将会缔造销售佳绩。

#### 7.3.6 南投县少数民族十大伴手礼

南投县少数民族事务主管部门在 1997 年期望将少数民族工艺品区分为可供收藏的艺术品与生活工艺品，让少数民族特色产品经由适当的文化包装，强化产品之附加价值，将弱势的少数民族文化转换成独具特色的文化，并结合部落休闲产业发展以建立地产地销机制。筛选出具有发展潜力和高竞争能力的少数民族元素产品，并加以适当的辅导及训练，使工艺品不但具有内涵创意性、艺术性、代表性，还具有观光化、国际化、产品化的条件。

## 8 结 语

在坊间我们可以看见市面上有许多台湾地区少数民族相关的产品，但大多仍仅是将外显的图腾样式带入表面的设计，类型也多以观光纪念产品为主，要如何将传统少数民族文化有系统地运用于现代产品设计中，而非全是找出文化象征的元素或维持原貌，追求文化价值与设计定位，再通过信息加值、知识加值与创意加值，使之能精致化、特色化、品牌化，甚至能够迈向国际化，将是未来的一大课题。

### 〔参考文献〕


[1] 杨枝燕，吴思华. 文化创意产业的价值创造形塑之初探［J］. 营销评论，2005，2（3）：313-338.

[2] 徐启贤. 以台湾少数民族文化为例探讨文化产品设计的转换运用［D］. 中国台北：长庚大学工业设计研究所硕士学位论文，2004.

[3] 郑洪. 台湾少数民族文化应用于产品设计之研究［D］. 桃园：长庚大学硕士学位论文，2004.

[4] 郭冠廷. 台湾少数民族文化创意产业的未来发展［Z］. 少数民族传统文化产业维护与保存学术研讨会论文集，2004：34-45.

[5] 林桂萍. 中国台湾少数民族的艺术表现——以力马少数民族生活工坊为例［Z］. 2004.

# A Study on the Development Strategy of Cultural and Creative Industries of Minorities in Chinese Taiwan

Huizhu Zeng

(Taiwan University of Science and Technology, Yunlin, Chinese Taiwan, 64041)

**Abstract**: The minorities in Chinese Taipei area are mostly in the past, fishing and hunting life, needs to self-sufficiency, even the development of a "barter exchange", this concept of past life material condition is not stable, but there are still tribal mechanisms such as common norms groups "prey sharing" principle. The minorities over the long-term by foreign culture and related industries and the impact of intrusion, obvious living conditions are not conducive to the native tribes, the minorities the lifeblood of long-term development. Therefore, if we can use the national economy industry lifeline (including creative industry), and the tribal environment resources industry combination, develop a more unique and characteristic industry, I believe there should be a tribal homeland development and as an opportunity. In this paper, this to the Chinese Taipei aboriginal area (including the water Salem area) as an example, especially in the territory of Nantou County in two yuan (Jenai, Xinyi) related industry resources (handicrafts, agricultural products, tribal delicacy etc.) why the development strategies of their plight and necessary cultural and creative product extension and the overall development of the tribe? Hope to see some clues in the text, in order to be able to outline the direction of China's economic and industrial development in Chinese Taipei and related cultural and feasible strategies. The other Chinese Taipei aboriginal area located at the edge and traffic restrictions, but its resources (natural ecology, landscape resources, humanities and History), is so rich and complete, if the future combination of creative industries in the homeland resources issues, to industry oriented, actively planning a tribal promoted industry direction, especially in the multiple features of the development of a very special industries-such as: humanistic ecology, exquisite craft, ecological tourism and leisure sightseeing, accommodation, meals and other tribal flavor delicacy, I believe the future will become an important indicator of indigenous industry development, but also is an important element of Chinese Taipei's economic recovery is indispensable (Aboriginal Wenchuang). Therefore, the key factor for effective homeland tribal overall development, especially in the operation and promotion of industry, relies on tribal economic transformation and repositioning the industry needs and life.

**Key Words**: The Minorities; Cultural and Creative Industries; Cultural and Creative Strategies

**JEL Classification**: M19

# 浅谈汕头金融产业发展设想
## ——基于中国台湾地区金融创新成果的总结

朱健齐[1]　林泽兰[1]　张　铭[1]　莫国敏[2]

（汕头大学商学院[1]，汕头大学法学院[2]，广东汕头，515063）

**[摘　要]** 本文主要从学习台湾地区经验，促进汕头金融产业发展的角度，运用经验总结法和比较分析法，通过汕头金融产业现状分析和台湾地区金融创新成果总结，从汕头金融发展实际需求出发，有选择性地学习台湾地区经验，提出汕头金融产业发展设想。本文从五个方面提出设想，包括通过“产学合作”培育全面发展的金融人才；多方发力，助力中小微企业融资；设计高龄金融服务产品；建立发展多元化金融科技生态系统；切实普及金融知识。

**[关键词]** 汕头金融；台湾地区金融创新；人才培育；高龄化金融产品；金融科技

**[JEL 分类]** F21

## 0 引　言

尽管汕头作为最早的经济特区之一，但是和其他经济特区相比，汕头的发展相对落后，尤其在金融方面，远远落后于深圳经济特区。随着国家“一带一路”倡议的提出，汕头迎来经济发展的新契机。汕头政府抓住机遇，积极建设汕头华侨经济文化合作试验区，着力将汕头打造成“21世纪海上丝绸之路”的重要门户。汕头拥有的是1500万的海外华侨和1500万潮汕地区以外的潮汕人。① 汕头拥有的华侨人脉使得汕头有做大做强跨境金融的先决条件。跨境金融，作为华侨经济文化合作试验区九大都市产业之首，除了众多海外华侨和潮汕商人的支持，也需要以汕头蓬勃发展的金融产业作为发展基础。

笔者来自中国台湾，对台湾地区的金融发展较为熟悉。金融产业作为台湾地区“四大兆元产业”之一，仅次于制造业、批发零售业以及不动产业。② 目前台湾地区在构造多层次资本市场架构与资金引导、提供多元化金融产品与服务、扩大多渠道金融进口替代等方面已有一定经验。这些

---

**[基金项目]** 广东省人文社会科学重点研究基地汕头大学粤台企业合作研究院开放基金项目“粤台金融产业发展现状与合作前景研究”（项目负责人为何恭政）。

**[作者简介]** 朱健齐，男，1982年出生，汉族，汕头大学商学院金融系副教授，台湾中山大学企业管理系财金法律组博士，研究方向：法律与金融，邮箱：jqzhu@stu.edu.cn。粤台企业合作研究院粤台产业经济研究所所长、台湾金融发展协会顾问、深圳股权投资协会粤东地区总监、两岸三所律师事务所法律顾问、上市公司投资与并购项目顾问。林泽兰，女，1994年出生，汉族，汕头大学商学院金融系在读学生，邮箱：13zllin@stu.edu.cn。张铭，女，1988年出生，汉族，创兴银行有限公司银行职员，汕头大学商学院企业管理研究生，邮箱：13413402759@126.com。莫国敏，女，1995年出生，汉族，汕头大学法学院本科生，邮箱：14gmmo@stu.edu.cn。

① 汕头崛起进行时：华侨试验区是新引擎［EB/OL］. 时代在线网，http：//www.time-weekly.com/html/20160531/33536_1.html，2016-05-31.

② 中国“台湾金融监督管理委员会”. 金融产业发展政策白皮书［Z］. 2016（5）：5.

经验将能为汕头建设跨境金融产业与金融创新提供一定的借鉴意义。

本文首先从借鉴台湾地区经验，促进汕头金融产业发展的角度出发，分析汕头的金融发展现状，找出其发展难题；其次通过分析台湾地区在实体经济低迷、金融科技冲击下的金融创新发展策略，并总结其优秀经验；再次将汕头和台湾两地金融发展的环境条件、对金融服务的供需等方面进行比较，并以汕头实际情况为出发点，选择汕头金融产业发展应向台湾地区学习的地方；最后为汕头的金融发展建言献策。

# 1　汕头金融发展的现状

与其他产业相同，在分析汕头的金融产业发展现状时，一方面可以从金融产业的产值进行分析，另一方面还应该结合需求—供给模型，更全面地剖析汕头金融产业，以更好地发现汕头金融产业发展存在的问题。

## 1.1　汕头金融产业产值

“十二五”期间，汕头市的金融业年均增长 14.75%。[①] 2015 年，汕头金融产业增加值相比 2014 年增长了 4.7%。2015 年末，全市金融机构（含外资）本外币存款余额 2857.20 亿元，同比增长 7.1%。其中，住户存款余额 1918.05 亿元，同比增长 5.9%；非金融企业存款余额 503.15 亿元，同比增长 21.4%。年末金融机构（含外资）本外币贷款余额 1199.00 亿元，同比增长 11.8%。其中，住户贷款 358.07 亿元，同比增长 18.9%；非金融企业及机关团体贷款 832.04 亿元，同比增长 8.1%；银行结汇收入 51.95 亿美元，同比下降 10.2%。

上述数据显示，汕头市的金融业发展呈现稳定增长趋势，并且在区域金融中心建设的推动下，金融产业将获得持续发展。

## 1.2　汕头金融产业供给—需求端分析

由于金融服务实际上衍生于实体经济活动，所以实体产业经济是金融产业需求分析最重要的因素。另外，市场、人口特点的变化带来的需求也会对金融产业的发展产生重要的影响。政策、科技等其他因素的作用也不容小觑。在供给端的分析上，则可以从金融机构及其产品方面进行分析。金融机构的数量与规模、经营战略会影响金融产业的竞争程度；金融产品的设计及制造能力又可以反映金融创新的能力。分析汕头金融产业发展的框架具体如图 1 所示。

### 1.2.1　需求端分析

#### 1.2.1.1　汕头实体经济状况

2016 年 1~9 月，汕头经济运行总体稳健，结构调整深入推进，增长质量与效益不断提高，呈现出稳中有进、稳中提质的良好态势。2016 年 1~9 月，汕头全市的 GDP 为 1510.10 亿元，同比增长 8.5%，增速列全省第二，在粤东西北 12 市中排第 1 位。其中，第一产业增长 3.2%，第二产业增长 8.2%，第三产业增长 9.5%。第三产业对 GDP 贡献率达到 49.7%。汕头市第三产业发挥推动 GDP 的主要作用，其贡献率接近 50%，尤其以金融业、房地产业和电信业为代表的现代服务业实现增加值 298 亿元，增长 12%，对 GDP 的贡献率达到 26.5%。[②] 下面从汕头市社会投资情况、出口

---

① 汕头市政府召开加快区域金融中心建设工作会议［EB/OL］. 汕头市人民政府金融工作局网站，http：//jr.shantou.gov.cn/NewsInfo.aspx? id=554&bid=2&sid=15，2016-06-17.

② 前三季度汕头 GDP 增速全省第二［EB/OL］. 南方网，http：//st.southcn.com/content/2016-10/24/content_158143086.htm，2016-10-24.

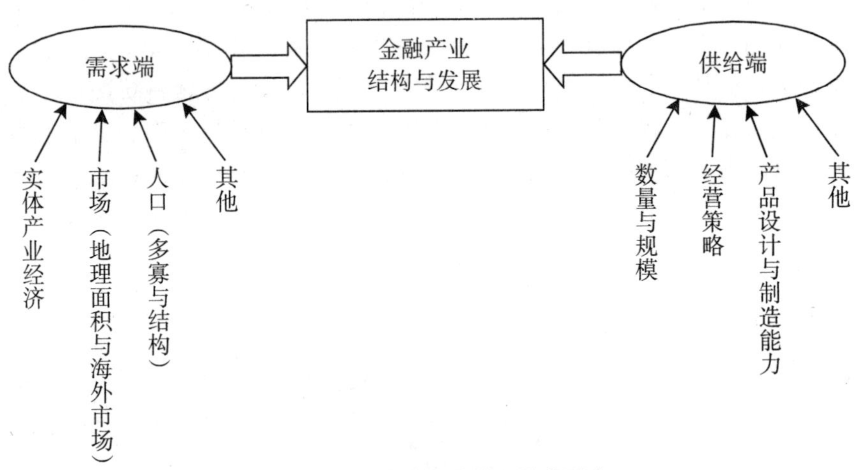


**图 1　影响金融产业的供给和需求因素**

资料来源：中国“台湾金融监督管理委员会”. 金融产业发展政策白皮书［Z］. 2016（5）.

经济以及中小企业融资情况三方面分析汕头实体经济对金融发展的影响。

1.2.1.1.1　产业投资迅猛发展，为金融发展提供强大能量

2016 年是实施“十三五”规划的开局之年。为应对经济下行压力等困难和挑战，汕头市全力推动重大项目建设。

为给实体经济发展提供较好的发展环境以及为汕头市民工作、生活提供便利，在城市交通建设方面，汕头市政府于 2016 年 10 月 12 日与中国新能源汽车企业比亚迪就“推进汕头跨座式单轨交通及公共服务纯电动汽车项目”达成合作意向并签署有关战略合作框架协议，合作项目总投资 560 亿元，首期投资 120 亿元。此外，汕头市政府在与以色列合作打造中以（汕头）科技创新合作区的基础上，于 2015 年 12 月与以色列航空公司签订合作协议，在汕头共同发展民用航空产业。

此外，在城市建设方面，宝能集团与汕头市政府签订战略合作框架，将在华侨试验区建设科技园、金融中心、会展中心、文化中心及其配套项目。在城市建设过程中，汕头政府积极探索 PPP 模式。目前已启动建设的汕头东海岸填海造地项目，由中国交建投资投入项目建设资金，总投资超过 200 亿元；此外，汕头市政府再次通过政企合作模式建设汕头中信滨海新城项目，投资超过 500 亿元。

除了在线下重大产业投资颇有建树，汕头市政府还与互联网公司巨头——腾讯公司签订了“互联网”合作框架。汕头将借助腾讯公司在互联网、大数据等方面的技术优势，特别是 QQ 和微信两个社交平台，进行产业创新、民生应用、公共服务、文化旅游、创新创业环境、互联网产业服务模式创新六大方面的互联网应用。

上述重大产业投资，一方面为汕头市人民提供了众多的就业机会，极大地促进了汕头市实体经济的发展；另一方面更是为汕头的金融发展提供了强大的能量。例如，PPP 项目的大力实施，既充分发挥国家政策性贷款、汕头商业银行贷款、信托、基金、债券等金融工具的作用，为城镇化的公共设施和土地整理领域提供更多元化的项目融资渠道，又能提高汕头各金融机构的资金利用率，增强金融机构发展活力。此外，在细化与腾讯公司的合作内容上，可积极推动汕头市金融机构与腾讯的合作，助力汕头市各机构在金融大数据、互联网金融等方面的发展，以便汕头金融产业更好地应对金融科技的发展所带来的冲击。

1.2.1.1.2　出口经济与结汇业务

汕头属于开放经济体，出口对汕头的经济发展发挥着重要作用。根据汕头统计局进出口统计资料显示（见图 2），汕头出口经济呈现稳定发展，但受欧洲经济危机、贸易保护主义抬头等影

响，汕头对外出口有所下降。2015 年末，汕头银行结汇收入 51.95 亿美元，同此下降 10.2%。[①] 可见，出口经济对汕头外汇业务的影响较大。

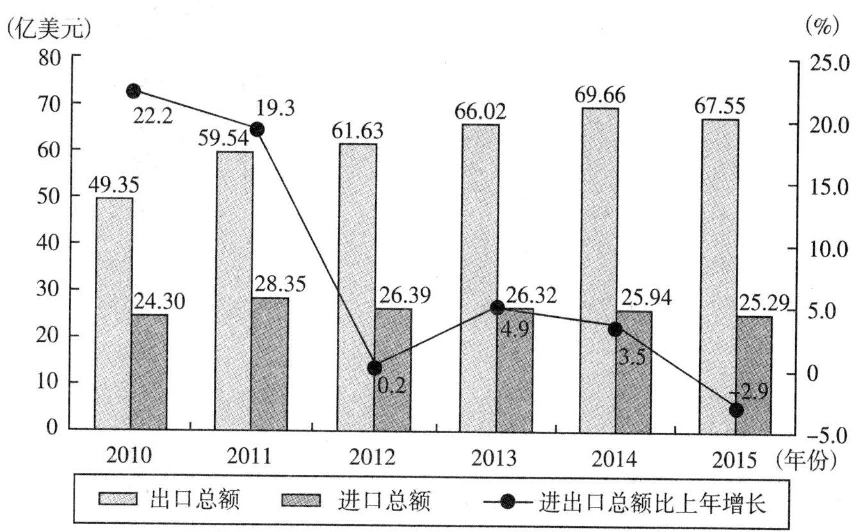


**图 2　2010~2015 年汕头进出口总额及增长速度**

资料来源：汕头市统计局。

1.2.1.1.3　中小企业融资能力有所提升，股权交易获得发展

中小企业占汕头总企业数的比重较高，是汕头发展经济的重要支柱。融资难问题一直是阻碍中小企业发展壮大的重要原因。随着汕头市政府积极建设"新三板"和"华侨板"，更多中小企业得以进入资本市场，获得发展资金。截至 2016 年 10 月 31 日，汕头已经有 44 家企业成功挂牌新三板，有 5 家企业待挂牌新三板。[②] 2015 年 9 月汕头市政府成立"华侨板"，设置交易融资层、展示孵化层，可为企业提供投融资对接、路演展示、跨境金融等服务，并通过对接阿里、凤凰金融等互联网平台，为企业解决融资难题。截至 2016 年 8 月，共有 406 家企业已挂牌。其中展示孵化层 403 家、交易融资层 3 家，涵盖金融投资、建筑制造、文化传播、电商物流等行业。挂牌企业以汕头市区的企业为主，覆盖粤东及珠三角，意向股权融资 36.7 亿元，意向债券融资 20.7 亿元，累计意向融资额 57.4 亿元，累计 4 家企业发行私募债 2000 万元。[③] 新三板和"华侨板"的发展，让一些中小企业的融资问题得以解决，同时也推动着汕头股权交易的发展。汕头金融机构，诸如证券公司的督导挂牌、做市以及上市辅导等新三板业务，股权转让和业务，银行的股权质押等业务也将持续获得发展。

1.2.1.2　人口特点

2015 年，汕头的常住人口为 555.21 万，按照城市规模，汕头目前已经为特大城市。2000 年以来，汕头市的常住人口呈现稳定增长（见图 3）。随着汕头城市经济建设速度加快，未来汕头的常住人口将会持续稳定增长，增长的人口将增大对汕头金融服务的需求。

---

① 2015 年汕头国民经济和社会发展统计公报［EB/OL］. 汕头统计局官方网站，http：//sttj.shantou.gov.cn/tjgb/201603/t20160331_326009.html，2016-03-31.

② Wind 资讯，新三板专题统计。

③ 汕头"华侨板"累计挂牌企业超过 400 家［EB/OL］. 中国新闻网，http：//www.chinanews.com/m/hr/2016/08-02/7959672.shtml，2016-08-02.

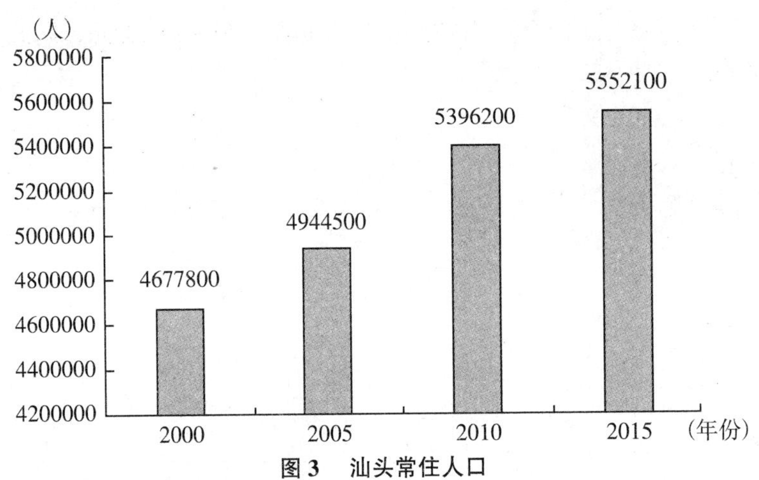


**图3 汕头常住人口**

资料来源：汕头市统计局。

随着经济的发展、医学技术的进步与各种福利设施的完善，人的平均寿命越来越长。当一个国家或地区60岁及以上人口占总人口的比重超过10%，或65岁及以上人口的比重占总人口的比重超过7%时，即意味着该国家或地区进入高龄化社会。[①] 根据广东省养老服务体系建设“十三五”规划编写调研课题组提供的数据显示，2015年汕头市60岁及以上人口占比为11%，意味着汕头已经进入高龄化社会。高龄者数量的增加虽然会加重年轻人的经济负担，但是另外又会产生新商机。高龄化社会对汕头金融行业的影响具体表现如下：由于高龄者普遍具有勤俭节约的道德品质，随着高龄者数量的增加，高龄者的资产将有较大的增加。又由于高龄者思想较为传统，将对银行储蓄的需求有所增加；另外，存款利率的下降，使得高龄者理财投资不再只依赖银行储蓄，对退休理财、养老保险的需求会增加，因而金融机构应加快开发针对高龄者的理财或保险等产品，以满足其需求；另外，由于未来汕头年轻人的负担加重，可以从年轻人的视角开发“协助养老”等基金或保险，减轻年轻人未来赡养高龄者的压力。

1.2.1.3 科技因素对金融消费的影响

随着互联网技术的发展和智能手机的普及，汕头市民对金融消费的方式从线下转移到线上。一方面，移动支付在汕头市民的普及程度较高，政府也号召“互联网+电子商务”，汕头市民在市区大部分地区可做到无现金交易；另一方面，一些线下业务开办得以在线上进行，例如股票交易账号网上开通、网上股票交易、网上申请信用卡等业务的发展，减少了市民前往营业部的频率。

### 1.2.2 供给端分析

1.2.2.1 汕头金融机构数量及规模

“十二五”期间，汕头市新增银行、保险、证券等金融机构45家，小额贷款公司10家，融资担保公司8家；截至2016年6月，汕头市的银行机构已达到26家，保险机构42家，证券营业部39家，期货营业部8家，小额贷款公司17家，融资性担保公司12家，基金公司18家。[②] 可以看出，汕头市的金融机构门类比较齐全，基本能满足汕头市民以及企业的各类金融服务需求。

针对中小企业融资问题，2014年5月，汕头市人民政府金融工作局与国家开发银行广东省分行合作共建“广东省科技金融综合服务中心汕头分中心”。该中心目前已进驻9家金融及中介服务

①人口老龄化［EB/OL］. 百度百科，http：//baike.baidu.com/view/109749.htm?fromtitle=%E8%80%81%E9%BE%84%E5%8C%96&fromid=6499718&type=syn.（2016年10月28日访问）。

② 汕头市政府召开加快区域金融中心建设工作会议［EB/OL］. 汕头市人民政府金融工作局官方网站，http：//jr.shantou.gov.cn/NewsInfo.aspx?id=554&bid=2&sid=15（2016年11月3日访问）。

机构，包括广发银行、平安财险、金信小贷、工行、民生银行、中小企业融资担保公司、新时代证券、交通银行、资雨泰融资租赁，同时引入国税自助办税终端及一批银行自助终端，初步形成金融产业供应链聚集区。截至 2016 年 10 月底，合作机构 22 个，提供银行产品 254 个、保险产品 760 个、证券产品 27 个，发布服务信息 195 条，项目投资余额 148 亿元，为广大科技型中小微企业提供政策咨询、创业孵化、项目辅导、融资对接等金融服务，助力中小微企业经营发展。

1.2.2.2 金融机构经营策略

目前，汕头各金融机构，特别是银行、证券公司、保险公司等在客户获取等方面的竞争加剧。为求生存，金融机构不得不在自身的经营策略，包括营销、业务等方面进行改进。例如中国银行优化网点布局，全力做好网点设施改造，更好地为汕头市民服务。为迎合汕头市政府“金融支持小微企业”政策，截至 2016 年 5 月 3 日，汕头市共有 8 家金融机构设立了小企业专营部门，建立专项信贷审批机制，提高小微企业融资业务办理效率。[①] 为应对未来的政策推动、实体企业融资需求、用户金融消费形式改变以及金融科技的巨大冲击，汕头各金融机构必须制定好产品和服务创新、客户营销、网点布局、经营成本等方面的经营策略，才能获得稳定发展。

1.2.2.3 金融产品开发和制造能力

目前，汕头金融机构提供的金融产品和服务总体上能依据外界环境变化以及用户习惯进行创新。例如，汕头市政府创新设立的金融超市，依照中小企业需求，目前已推出“潮贷宝”“塑融通”等创新型金融产品。[②]

另外，汕头金融机构推出的金融产品和服务业存在产品异质性较小的问题。例如为顺应消费金融的发展趋势，目前各银行机构纷纷推出自己的消费信贷产品，用于汕头市民的日常生活消费，并且办理手续简便，而且主打“随借随用”。此外，目前各银行的普遍做法是，通过银行和商家合作，通过消费优惠的模式，增加信用卡主借贷消费。产品的异质性较小，使得各金融机构之间的竞争加剧。

汕头的金融创新虽在政府的推动下有所成就，但是未来汕头各金融机构还需持续推进产品和服务的创新，以更好地服务用户，赢得竞争优势。

1.2.2.4 科技因素

金融科技创新趋势对金融服务业的支付、保险、融资、募资、投资管理及市场供应六项核心功能造成巨大冲击。[③] 金融科技的发展，使得传统金融服务的供给方式发生翻天覆地的变化。例如互联网金融的发展，包括互联网理财、互联网保险、移动支付、各类众筹平台等，更有甚者，机器人投资顾问的出现，完全颠覆了传统投资者依赖金融机构进行资产管理的方式。

在汕头，以微信和移动支付为例，目前，很多金融机构都推出了自己的公众号，并提供用户在微信公众号进行一些业务操作以及各种优惠广告。例如，民生银行汕头分行微信公众号提供了“微金融”服务板块，用户可以直接在微信客户端进行账户查询、理财咨询、办理贷款、申请信用卡等业务办理。

## 1.3 汕头金融发展存在的问题

### 1.3.1 中小企业融资风险保障体系不健全

目前，中小企业占汕头的总企业数比重高，是汕头经济发展的重要支柱。但相对大公司而言，

---

① 金融支持小微企业融资对策探讨［EB/OL］. 汕头日报官方网站，http://www.stdaily.com.cn/lilunyushijian/2016-05-27/12285.html，2016-05-27.

② 金交会媒体团赴汕开展广东金融改革创新政策宣传与推广系列报道［EB/OL］. 汕头市人民政府金融工作局官网，http://jr.shantou.gov.cn/NewsInfo.aspx?id=545&bid=2&sid=15.（2016 年 11 月 3 日访问）。

③ 金融服务的未来报告（The Future of Financial Services）［R］. 世界经济论坛（WEF），2016.

中小企业由于公司资本额小，财务、会计处理不专业等问题，造成其通过金融机构取得融资时困难重重，更别说经由资本市场以直接金融方式取得发展资金。虽然，目前汕头政府已经大力推动金融机构扶持中小企业，但扶持过程中仍然面临不少困扰。例如，为服务科技型小微企业，目前中国银行汕头分行科技支行已经正式挂牌，并为汕头至少 23 家科技型企业注入了 1.7 亿元的资金。但是科技型小微企业的轻资产特性、发展前景的不确定等问题，为其提供授信，存在较大的潜在风险，而没有完善的风险保障机制，中小企业在融资时，仍然很难顺利通过金融机构“风控”这关。中小微企业融资需求仍然没有得到很好的满足。

#### 1.3.2 金融产品和服务同质化严重，创新性不足

目前，各类金融机构提供的产品和服务存在着同质性过高、产品和经营策略的创新性不足等问题。例如，目前各银行推出的银行理财产品，名字不同，但是在设计上大同小异。未来，在华侨板的逐步发展和壮大过程中，无论是汕头本地企业还是粤东西北和境外华侨企业，在股权融资、债权融资、股权众筹、资产证券化、财务顾问等方面的金融产品和服务的需求将更趋于多元化。如若金融产品和金融机构经营模式的创新不足，将在一定程度上使得多元的金融需求无法得到较好的满足。

#### 1.3.3 全面性金融服务的专业人才匮乏

一方面，汕头华侨经济文化合作试验区的九大都市产业之首是跨境金融。虽然汕头的对外贸易一直发展良好，华侨经济文化合作试验区将带来更多境外侨企、侨资，外资企业在汕头的投融资服务，或是更好地推动本地企业或资金“走出去”。这种双向的跨境金融服务，亟须拥有金融知识丰厚、业务经验丰富、外语水平高、跨域能力强、获取资讯快等关键能力的优秀金融人才来提供。另一方面，随着金融科技的发展，移动支付、金融云端服务、金融大数据、区块链将引领未来金融行业的发展。但目前，汕头来自金融业的从业人员除了在业务方面拥有丰富的经验外，大部分人缺乏上述提到的关键技能，这对于未来汕头金融的发展是十分不利的。

#### 1.3.4 金融机构与民众信息不对称现象有待改善

由于金融产品的种类渐趋多元，汕头各金融机构所提供的服务逐渐变成带有风险性的投资活动，使得汕头市民也兼具投资人性质，而投资则必须具有风险意识与风险承担能力。但有些金融机构对提供的金融产品风险揭露未完全，汕头市民由于金融知识的缺乏，对金融产品的了解有限，且还抱持金融机构应对其产品提供保本保值的认知，造成金融机构和普通市民双方在产品信息及风险认知上存在严重不对称，以致产生金融消费纠纷。

### 1.4 汕头金融产业发展现状小结

综合上述分析，汕头金融产业在近年来呈现稳定发展。从需求端来讲，实体经济运行稳定发展中有所增长，质量有所提高，重大产业取得重要投资，“华侨板”等资本市场的建设使得未来对跨境金融、股权相关交易等金融需求将进一步增长；人口数量的增长以及高龄化社会的来临，对金融服务的需求增加，特别是高龄者金融产品和服务需求将给汕头金融产业带来新的商机；最后是金融科技的发展造成汕头市民对线下金融产品和服务的依赖减少，对金融服务的便捷性、效率性、安全性的要求提高；从供给端来讲，目前汕头的金融机构种类较为齐全；各金融机构在应对实体经济需求、用户金融服务消费行为的改变以及金融科技对金融服务供给方式的变革，必须制定经营战略，更好地进行客户营销并控制好成本；此外，汕头各金融机构还必须积极进行产品和服务的创新。

从汕头金融产业发展现状的分析中，笔者也发现了汕头金融发展存在中小企业融资风险保障体系不健全、金融产品和服务同质化严重、创新性不足、全面性金融服务的专业人才匮乏、金融机构与民众信息不对称现象有待改善等问题。

# 2 台湾地区金融发展现状

## 2.1 台湾地区金融产业基本情况

### 2.1.1 金融产业资产规模

台湾地区金融业资产规模近 10 年持续增长，从 2006 年底的 47 万亿新台币（下同）增长到 2015 年底的 80 万亿新台币，增长了 70.2%（见图 4）。

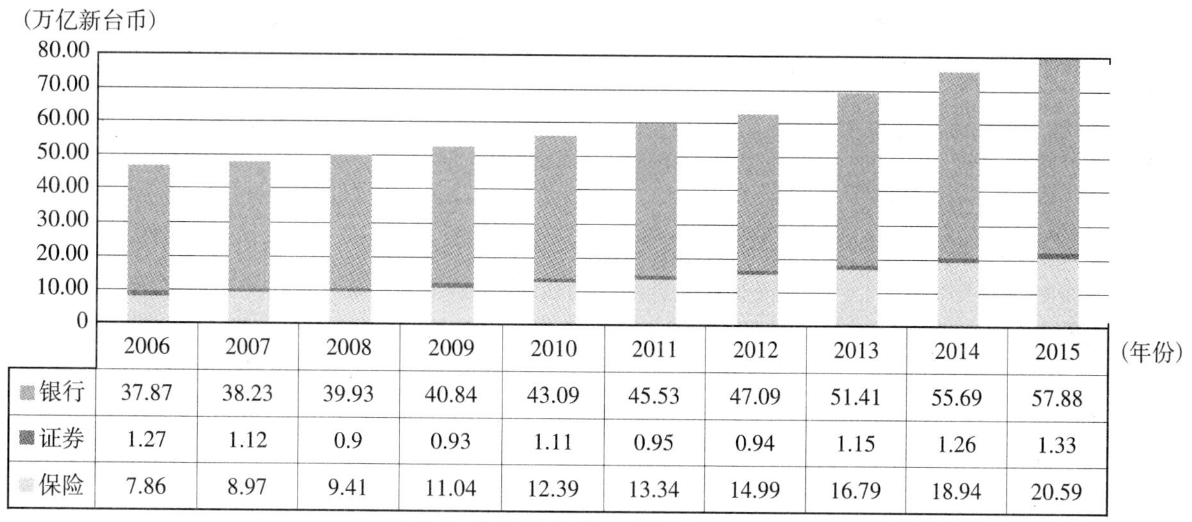


| | 2006 | 2007 | 2008 | 2009 | 2010 | 2011 | 2012 | 2013 | 2014 | 2015 |
|---|---|---|---|---|---|---|---|---|---|---|
| 银行 | 37.87 | 38.23 | 39.93 | 40.84 | 43.09 | 45.53 | 47.09 | 51.41 | 55.69 | 57.88 |
| 证券 | 1.27 | 1.12 | 0.9 | 0.93 | 1.11 | 0.95 | 0.94 | 1.15 | 1.26 | 1.33 |
| 保险 | 7.86 | 8.97 | 9.41 | 11.04 | 12.39 | 13.34 | 14.99 | 16.79 | 18.94 | 20.59 |

**图 4 台湾地区金融业资产规模**

资料来源：中国"台湾地区金融监督委员会"。

### 2.1.2 金融业产值

台湾地区金融业产值自 2014 年起突破万亿新台币，2015 年金融业产值已达 1.09 万亿新台币，占台湾地区 GDP 的 6.56%，且金融产值近五年平均增长 4.5%，高于台湾地区 GDP 增长率 3.3%。①

## 2.2 台湾地区金融产业发展面临的困境与机遇

台湾地区金融虽在近年来呈现稳定增长，但是台湾地区实体经济不振、金融科技的冲击、金融机构经营策略与产品服务同质化等导致台湾地区金融发展面临困境；另外，人口结构的变化与亚太经济崛起又为台湾地区金融业发展提供了新的发展机遇。

### 2.2.1 发展困境

#### 2.2.1.1 实体经济遭遇发展瓶颈

相比汕头发展稳定的实体经济，当前台湾地区实体经济发展遭遇瓶颈。

一是投资不足，金融机构体系资金利用率较低。2015 年，台湾地区的民间投资实际增长维持正增长，但是从 2010 年的 27.63%的增长率下滑至 2015 年的 3.11%，增长速度急速下降。2001 年以来，台湾当局及公营事业投资在大多数年份有所减少。2015 年台湾当局和公营事业投资分别减

---

① 数据来自台湾地区行政管理机构主计总处数据整理而成，台湾地区行政管理机构主计总处网站，http：//www.stat.gov.tw/ct.asp？xItem=37407&CtNode=3564&mp=4.（2016 年 10 月 28 日访问）。

少 4.28%和 6.79%，其中政府投资连续六年都在减少。从台湾地区保险事业发展中心和台湾地区货币政策主管机关获得的统计数据显示，2015 年底台湾地区保险业可运用资金达 18.8 万亿元，台湾地区邮政储蓄金额亦有 5.7 万亿元，存贷款差额超过 9 万亿元。庞大的可用资金亟须寻找合适的投资，以提高资金使用率。

二是出口不足，产业亟须创新升级。作为小型开放经济体，出口对于台湾地区的经济发展至关重要。根据台湾地区财政事务主管部门海关进出口统计数据显示，2016 年第一季度出口同比减少 12.1%，已与 2008 年金融危机时期出口率“连十四黑”的纪录持平。另外，大陆地区是台湾地区最大的贸易伙伴。目前台湾地区对中国大陆地区出口表现低迷。2013 年和 2014 年出口增长率分别只有 1.76%和 0.73%，2015 年的增长率为-13.37%，2016 年第一季度对大陆地区出口同比减少 16.67%。台湾地区产业有必要迫切转型，企业必须提高创新能力，为台湾地区的发展谋求出路。

三是产业外移。因台湾地区本地生产成本上升，很多台湾地区企业将生产基地转移到生产成本较为低廉的发展中国家。根据台湾地区经济事务主管部门统计处数据显示，台湾地区外销订单海外生产比重从 2001 年的 16.69%逐年增加到 2015 年的 55.08%，信息通信产品（92.56%）生产基地外移最为严重。[①] 尽管台商选择以“台湾接单，大陆生产与出货”的生产模式，这样虽然可以为台湾创造 GDP，但对于扩大就业与促进消费的作用有限。只有提供友好的投资环境，才能吸引台商回台投资设厂。

四是中小企业筹资能力有待提升。台湾地区中小企业提供了大量就业机会和创新动能，是台湾地区经济发展的重要支柱。中小企业占公司登记总数的 97.7%，与大企业相比，中小企业可创造 78.1%的就业机会。但中小企业因为公司资本额小，财务、会计与管理相对有很大的改善空间。这对其通过金融机构或经由资本市场以直接金融方式取得融资产生不利影响。

#### 2.2.1.2 金融科技冲击

金融科技的发展，剧烈冲击了金融产品与服务的供给模式。例如，移动支付造就了无现金社会的来临；在借贷方面，P2P 取代了传统的借贷方式；在筹资方面，众筹平台的出现，降低企业筹资成本；在投资管理方面，机器人理财顾问的问世，提供投资者在线理财咨询与服务，冲击传统财富管理市场……金融科技带来金融产品和服务的变革，使得传统金融机构猝不及防。另外，金融机构应抓住金融科技发展的机遇，及早运用金融科技进行产品和服务的创新，取得竞争优势。

#### 2.2.1.3 经营策略与产品服务同质性较强

台湾地区金融机构的经营策略创新性较低。例如 2005 年发生的“双卡风暴”[②]、产险业杀价竞争等，基本上与台湾地区金融业容易“一窝蜂”现象有关。此外，在金融产品和服务方面，金融产品种类较为单一，同质性较强。例如台湾地区的资产管理业务大多是投资银行产品、基金产品、保单及证券市场产品。其中基金产品主要包含台湾地区境内外基金，但当前以引进台湾地区境外基金产品为主。投资型保单则大多是台湾地区保险业发行的本土化产品。在证券市场产品部分，则以台湾地区股市为基础的相关金融产品为主，对于海外股票的投资需求，证券业多以再委托方式受托买卖海外有价证券为主。由于服务或商品差异性不大，台湾地区金融机构经营者之间经常进行短期的恶性竞价竞争。[③]

---

① 数据来源于台湾地区经济事务主管部门统计处网站公布数据整理，http：//dmz9.moea.gov.tw/gmweb/investigate/Investigate-BA.aspx.（2016 年 11 月 1 日访问）。

② 指台湾地区信用卡、现金卡双卡滥发所衍生的严重“卡债”“卡奴”问题及其衍生社会问题，参见雅虎奇摩知识+网站：https://tw.answers.yahoo.com/question/index?qid=20060406000013KK02431.（2016 年 11 月 3 日访问）。

③ 中国“台湾地区金融监督管理委员会”. 金融产业发展政策白皮书［Z］. 2016：40.

### 2.2.2 发展机会

#### 2.2.2.1 高龄者金融产品蓝海市场

台湾地区人口正遭遇高龄化与“少子化”双重结构性改变的危机。根据台湾地区有关部门估计，到2018年，台湾地区65岁以上老年人数占总人口数量的比率将超过14%，台湾地区将进入高龄社会；到2025年这一比率将超过20%，台湾地区将演变成超高龄社会。“少子化”问题将使台湾地区未来劳动人口逐渐减少，而人口高龄化问题的加重，将使未来年轻人背负的经济压力更为沉重。人口高龄化与“少子化”双重人口危机的出现，不仅会加重政府养老负担，还将对台湾地区未来的生产力造成严重威胁，对经济发展产生不利影响。另外，高龄化社会的到来，又会带来高龄者适用产品生产领域的蓝海市场，同时金融机构可以开发高龄者金融产品与服务，将产品领域向高龄者的更广更深推广。

#### 2.2.2.2 亚太崛起带来金融服务商机

根据亚洲开发银行2011年发布的研究报告《2050年的亚洲：实现亚洲世纪》（ASIA 2050：Realizing the Asian Century）估计，到2050年，亚洲地区的GDP规模占全球比重将增长到50.6%，特别是邻近台湾地区的新兴亚洲经济体，如东盟等经济体因政策开放、劳动力充足、国际资本投资等优势发展潜力强大。区域经济体带来活跃的跨境经济活动与城市基础建设的加大投入，将衍生庞大的金融服务商机。

### 2.2.3 台湾地区金融产业创新发展成果

为抓住金融发展契机，同时解决上述提及的发展困境，台湾地区金融监管机构积极引导台湾地区金融产业进行产品和服务的创新，具体表现如下：

#### 2.2.3.1 通过金融带动产业创新转型

一是“挺创业”：推动“创柜板”并开放股权性质群众募资业务。为扶持中小创新企业，台湾地区于2014年1月3日设立了“创柜板”，为具有创新、创意构想的中小型企业提供“创业辅导筹资机制”“免费辅导”及“股权筹资”等服务。至2016年3月底，“创柜板”已帮助85家小型创业公司筹得资金2.18亿元。另外，为了让微型创业公司获得更多元化的融资渠道，台湾地区金融监管机构在2015年4月底允许民间业者经营股权性众筹业务，至今已核准6家业者办理，并有3家业者开业。

二是“挺中小”：加强中小企业贷款发放。台湾地区金融监管机构鼓励银行机构设置中小企业融资咨询窗口，以便为中小企业提供更有效率的融资服务。截至2016年3月底，台湾地区银行对中小企业贷款余额达5.4万亿元，反映了台湾地区金融监管机构协助中小企业取得融资措施已具有相当成效。

三是“挺创意”：金融挺创意产业。台湾地区金融监管机构自2014年1月起推动“金融挺创意产业项目计划”，不仅为创意产业提供金融机构融资、投资以及“创柜板”等融资渠道；此外，台湾地区金融监管机构还允许保险公司将可用资金投资于13类文化创意产业，达到既协助中小企业融资又充分利用保险公司的资金利用率的“双赢”效果。

#### 2.2.3.2 推动金融电子化与数据化发展

第一，扩大在线申办金融服务范围。台湾地区的银行机构自2015年1月可以增加在线存款、授信、信用卡、财富管理及共同营销等12项服务；银行可自行办理低风险的电子交易业务，无须向台湾地区金融监管机构申报。证券业自2015年6月允许未开证券账户的台湾地区市民可采用非当面开户形式，2015年1~12月电子下单平均比重提高为48.22%。保险公司陆续扩大互联网投保的险种及保额，增加网络保险服务项目，以及放宽保险人或被保险人不同人可以以自然人凭证投保等。另外，2015年10月，台湾地区金融监管机构允许保险经纪代理公司及兼营保险经纪或保险代理业务的银行申请试办网络投保业务。

第二，普及行动支付服务。目前台湾地区行动支付相关法规已成熟且完善，而且台湾地区各金融机构也已经积极开展各类行动支付服务。截至 2015 年 12 月底，已有 22 家金融机构开办手机信用卡业务、15 家金融机构开办移动金融卡业务、12 家金融机构开办二维码移动支付业务、7 家金融机构开办 MPOS 移动收单业务。[①]

第三，推动开放性数据（open data）及海量数据分析应用。迎合大数据时代，台湾地区金融监管机构积极公开各类金融数据资料。截至 2016 年 3 月 22 日，台湾地区金融监管机构已完成 1071 项数据的公开。此外，运用大数据分析已成为产业发展的重要趋势，台湾地区金融监管机构在 2015 年一共推动 12 项大数据应用案，并在 2016 年底前完成年初新推动的 13 项大数据应用案。

#### 2.2.3.3 推动高龄化金融创新

首先，鼓励金融机构提供商业型不动产逆向抵押贷款。高龄者将自己既有的不动产设定抵押权给银行，然后银行每月平均拨付本金，作为高龄者生活保障的补充性措施，以安定高龄者的生活。

其次，允许保险公司办理保单活化合同转换业务。2014 年 8 月，台湾地区金融监管机构修改《人身保险业保险合同转换及缴费年期变更自律规范》，推动保险公司提供保户可以在不增加保费支出的原则下，可以选择将其原持有的含死亡保障的保单，转换为年老需要的健康保险（含长期照顾保险）或年金保险。截至 2016 年 3 月底，累计转换 3746 件，以原保单转换基础计算转换金额达 12.2亿新台币。[②]

此外，增加民众保险保障选择。为顺应高龄化社会需要，台湾地区金融监管机构修改于 2015 年 8 月 21 日允许人寿保险公司办理实物给付型保险业务，业务形式包含健康管理、医疗、护理、长期照顾、老年赡养及殡葬六大类服务。

#### 2.2.3.4 扩大金融进口替代

一方面，银行提供外国债券交易、无本金交割远期外汇和境外金融衍生品信息咨询。台湾地区金融监管机构允许银行及其国际金融业务分行可以兼营代理买卖外国债券。目前已核准 9 家银行办理，自开办业务起至 2016 年 2 月底，买卖成交金额共计为 9803 亿新台币。台湾地区各银行的海外分行可以办理新台币无本金交割远期外汇（NDF）。此外，银行及外国银行可以在台分行提供专业机构投资人境外衍生性金融商品的信息及咨询服务。

另一方面，引导保险业等将海外资产移回台湾地区保管。台湾地区金融监管机构鼓励保险公司将台湾地区境外有价证券经由台湾地区境内保管机构保管。截至 2016 年 2 月底，保险业有价证券投资经由保管机构保管金额约 4.4 万亿新台币，规划于 2016 年底前再移回台湾地区境内保管的金额约 3.5 万亿新台币。

#### 2.2.3.5 鼓励金融产业布局亚洲地区

一是通过四大战略奠定布局亚洲基础。2014 年，台湾地区金融监管机构以“深耕台湾，布局亚洲”为主轴，进行四大进军亚洲战略：调整修订法规，简化业务程序；鼓励金融机构充实资本，储备专业人才；收集各国信息，建立数据库；通过跨国跨地区监督合作，解决台湾地区金融机构在亚洲当地金融市场发展的准入障碍。

二是推动亚太地区资产管理业务发展。针对亚太地区高净值客户的多元资产配置及资产保值等金融需求，2015 年台湾地区金融监管机构允许银行办理国际金融分行（OBU）业务，证券商设立国际证券业务分公司（OSU），保险公司设立国际保险业务分公司（OIU）。

三是发展离岸人民币业务。大陆市场庞大，并且人民币已经于 2016 年 10 月正式被纳入国际

---

① 中国“台湾地区金融监督管理委员会”. 2016 年金融产业发展政策白皮书［Z］. 2016：52.

② 中国“台湾地区金融监督管理委员会”. 2016 年金融产业发展政策白皮书［Z］. 2016：71.

货币基金（IMF）的特别提款权（SDR）货币篮，发展离岸人民币业务已成为国际趋势。台湾地区具有两岸经贸往来密切的优势，自 2013 年 2 月正式放开人民币业务，全面开放人民币计价的相关金融服务及商品，包括存款、放款、个人、企业跨行汇款、跨境贸易结算与理财、人民币计价债券、基金及保险等。

2.2.3.6 维护金融消费者权益

一方面，积极推动金融知识普及。台湾地区金融监管机构针对不同人群，以社会倡导、走进校园、社会公益等渠道和方式进行金融知识普及；截至 2016 年 4 月，台湾地区金融监管机构与金融周边机构共同举办 3039 场社会倡导活动、5285 场校园金融知识推广活动、161 场爱心慈善活动。

另一方面，强化金融消费者权益保护。“台湾地区金融消费者保护”有关规定自 2011 年 12 月 30 日起施行，于 2015 年 2 月 4 日修正部分条文，除加强金融服务业销售商品或服务的相关责任外，如初次销售的复杂性高风险商品及业务员酬金制度应提报董事会，不当销售金融商品的情节严重的，可解除负责人职务或废止营业许可等，并增订团体评议制度，协助弱势金融消费者进行评议程序。此外，台湾地区金融监管机构于 2015 年 5 月通告各金融机构建立消费争议处理制度（含处理流程 SOP）并提报董事会通过，金管会将配合金融检查，检查金融服务业的落实情况。

### 2.3 小结

台湾地区的金融产业资产规模和产值持续增长。但近年来，实体经济发展遭遇瓶颈，“少子化”与高龄化双重人口危机、金融科技的冲击以及金融业本身的经营策略与产品服务同质化问题严重，使台湾地区的金融发展陷入困境；然而，老龄化与亚洲经济崛起又为台湾地区金融产业提供了新的发展契机。

台湾地区金融监管机构迎接挑战与机遇，通过“三挺”积极推动金融促进产业发展；通过扩大在线金融业务范围、普及移动支付和推动数据开放和分析应用以促进金融产业电子化、数据化发展；为应对高龄化危机，台湾地区金融监管机构鼓励金融机构提供商业型不动产逆向抵押贷款，允许保险公司办理保单活化合同转换业务并增加民众保险保障选择；抓住亚太经济崛起的机会，台湾地区扩大金融替代并通过推动四大战略、亚太资产管理业务以及开放离岸人民币业务。最后，台湾地区金融监管机构还积极推动金融知识普及，强化金融消费者权益保护。

## 3 汕头和台湾两地金融产业对比

通过上述对汕头、台湾两地金融产业现状的分析，现将两地金融产业的发展环境和供给、需求进行比较（见表 1）。

**表 1 汕头和台湾两地金融产业对比**

| | 汕头市 | 台湾地区 |
|---|---|---|
| 发展环境 | “华侨经济文化合作试验区”的建立，带来各类重大产业投资，实体经济稳中有升，为金融发展提供较好的发展环境 | 境内实体经济发展面临瓶颈期，金融产业发展面临困境；境外亚太区域经济体崛起与庞大的大陆金融市场提供发展契机 |
| 需求 | • 金融人才培养<br>• 跨境金融<br>• 中小企业融资<br>• 资本市场融资创新<br>• 高龄者金融服务<br>• 金融科技运用与创新<br>• 维护金融消费者权益 | • 金融人才培养<br>• 中小企业融资<br>• 高龄者金融服务<br>• 金融科技运用与创新<br>• 提高金融机构资金利用率<br>• 金融产业进军亚洲市场<br>• 维护金融消费者权益 |

续表

| | 汕头市 | 台湾地区 |
|---|---|---|
| 供给 | • 跨境金融还需进一步创新<br>• 设立"华侨板"、广东省科技金融综合服务中心汕头分中心、金融超市提供股权质押、股权担保、债权众筹等资本市场融资方式<br>• 目前银行提供高龄者理财产品<br>• 移动支付、线上金融业务办理<br>• 主要通过金融机构渠道进行金融知识普及 | • 金融信息科技人才储备计划<br>• 设立"创柜板"、设置中小企业融资窗口；群众募集（众筹）平台<br>• 高龄者不动产商业型不动产逆向抵押贷款、保单活化、增加民众保障选择等<br>• 扩大在线申办金融服务范围、普及行动支付服务、推动开放性数据及海量数据分析应用<br>• 开放保险公司投资创意创业<br>• 战略布局亚洲市场、发展亚太资产管理与离岸人民币业务<br>• 通过社会倡导、讲座、公益活动普及金融知识，制定相关法规 |

从上述分析可以看到，汕头目前在中小企业融资方面表现较好，但是在金融人才培养、高龄者金融产品服务、金融科技数据分析、金融知识普及等方面还有发展与创新的空间。

## 4 汕头金融产业发展设想

汕头的金融产业要获得持续发展，必须解决其现在面临的困难，并积极顺应金融发展的最新趋势，进行产品和服务的创新。下面简单阐述笔者对汕头金融产业发展的设想。

### 4.1 通过"产学合作"培育全面发展的金融人才

在金融科技的巨大冲击与汕头经济对外交流加快的背景下，汕头金融行业的发展亟须具有全球移动力、精湛的金融服务经验、流利的外语水平、较强的创新力、跨域能力、信息获取能力等全面发展的金融服务人才。

要培育全面发展的金融人才，除了加强对汕头现有金融业从业人员各种关键技能的培训，还需要从汕头的教育机构入手，以源源不断地满足未来金融行业发展的人才需求。目前，汕头有汕头大学等高等学校，金融机构可以与这些高等学校进行合作，提前在学校阶段培养金融行业相关技能的实践与创新人才。"产学合作"具体有下列模式：

#### 4.1.1 金融机构与学校加强交流与合作

一是金融机构通过和学校合作，举办实务讲座、办理金融体验营、金融竞赛等活动，提供学生进入金融业实习及参与金融项目的机会。

二是金融机构与省内大学可以携手合作"信息科技人才储备计划"。针对省内优秀学校金融、数理、计算机相关专业优秀毕业生或在金融机构专业满一年的优秀从业者，提供人才培育计划。另外，各金融机构也可以通过与汕头大学等省内高等学校共同合作，推动智能型金融云教学研究，进行金融大数据等金融科技应用课程的合作，培育优质的金融科技人才。

#### 4.1.2 设立金融人才培育中心，提升金融从业人员的跨域能力

通过与汕头大学等高校进行合作，建议在汕头市成立保险事业发展中心、银行业金融研训院、证券与期货市场发展基金会等各项人力培训资源，以自办、委办或金融科技发展基金补助等方式，规划金融科技"普及化"的推广教育课程、金融大数据应用的训练课程及办理各类测验。汕头金融人才培育中心的设立，一方面可以提升汕头金融从业人员对金融科技应用的工作技能和就业能力；另一方面跨入金融业的科技人员可以强化其金融相关知识的学习。此外，还可以与粤东优质培训机构合作，以多元化的金融实务导向训练课程，更好地激发金融从业人员自主学习，同时培

养未来金融从业人员技能，促进汕头金融产业人才升级，以维持汕头金融行业的稳定发展。

## 4.2 多方发力，助力中小微企业融资

### 4.2.1 开设“创众板”众筹平台，扶持微型创业企业

目前汕头已经建立“华侨板”区域股权交易中心，主要解决中小企业的融资难问题，但是其主要面对的对象是具有侨资背景的外商投资企业、拟股改企业和科技创新型企业。此外，汕头政府也积极推动企业进入“新三板”筹资发展资金，但目前“新三板”的门槛较高，大多数中小企业没有办法进入。为更好地解决中小微企业融资难的问题，笔者认为汕头在积极推动“华侨板”“新三板”股权交易的同时，可以借鉴台湾地区经验，开设股权性众筹业务，通过群众集资助力中小微企业融资。

一是建立“创众板”股权性众筹平台。汕头市政府可以在积累建设“华侨板”区域股权交易中心的经验基础上，设立“创众板”，服务微型创业企业。国外的众筹平台主要是以民间组织作为执行单位，台湾地区则主要面向有券商资格的平台机构开放股权性众筹模式。如果汕头要设立股权性众筹平台，可以在汕头市政府的督导下，主要通过大券商并适度与民间平台合作，同样设立“创众板”股权性众筹平台，活络汕头微型企业融资能量。

二是建立创业众筹信息披露平台。汕头市政府可以通过建立创业众筹信息披露平台，公布急需资金的创业公司的相关信息与筹集资金情况等。在披露过程中，必须强化该平台的公信力，进而提高群众出款的意愿。

### 4.2.2 建立中小企业信用保证基金

环保科技、物联网、生物技术、大数据产业等产业是国家未来发展的重要产业，但这些企业在创业初期往往风险较高，未来成功的不确定性较大。为解决这些创业企业因风险较大而融资难的问题，积极协助新创公司取得融资，除了金融机构需要提高项目评估能力，还建议政府成立中小企业信用保证基金，通过政府适当支付金融机构中小企业无法偿还的贷款，以提高新创企业或中小企业融资风险保障能力。

## 4.3 设计高龄金融服务产品

汕头已经进入高龄化社会。高龄化社会的来临，也将为其带来各种商机。金融行业应该抓住这一趋势，并积极创新金融产品，满足高龄者需求，同时提高获利能力。在这一点上，可以有选择地借鉴台湾地区经验，并进行创新。

### 4.3.1 保单灵活化转换

推动汕头保险公司保险产品创新，例如，向台湾地区学习保单灵活化转换。保户可以在不增加保费支出的原则下，选择将其原持有的含死亡保障的保单，转换为年老需要的健康保险（含长期照顾保险）或年金保险，为汕头高龄者安享晚年提供一定的资金支持。

### 4.3.2 发展退休财务咨询顾问业务

随着高龄化时代的来临，为减轻下一代工作人口的经济压力，高龄者提早进行退休财务规划的意识逐步提升，使得高龄者对专业退休财务规划咨询需求提升，发展退休财务咨询顾问业务有其必要性。各金融机构可研议推动建立退休财务咨询顾问的可行性，未来随需求和规模逐步扩大，可发展成为退休财务咨询业。

### 4.3.3 开发退休理财创新基金产品

汕头市政府应该鼓励各金融机构开发或引进退休投资理财商品，以弥补退休金缺口，例如生命周期基金。即汕头市民可依人生阶段及目标日期选择合适的基金，例如依据退休日期规划，逐年调整股票、债券等产品比例的“目标日期基金”；或维持固定的风险程度，依市场波动状况进行

股债比率调整的“目标风险基金”。通过购买合适的基金，汕头市民及早做好退休理财规划，更好地安度晚年。

## 4.4 建立发展多元化金融科技生态系统

### 4.4.1 加快金融数据开放

目前，金融科技发展方向之一是金融大数据的发展。金融大数据发展取决于海量的数据，而可查阅到的汕头金融机构的各类数据还较少，而取得数据的渠道有限，这对发展各类金融机构大数据应用产生了不利影响。为推动汕头的金融产业大数据发展，建议汕头市积极推动各金融机构数据开放，同时统筹规划各类金融大数据应用项目，推动汕头金融产业发展。

### 4.4.2 通过异业合作，构建多元化金融科技生态系统

各金融机构可积极与汕头大学合作，进行金融科技研究，同时可与各类数据科技公司合作，进行金融大数据的应用，从“研究—应用”的角度积极构建多元化的金融生态系统。

一是与汕头大学合作，加强金融科技研究。汕头大学目前已积极招募大数据分析方向的优秀教师，结合各类金融数据的开放，各金融机构可与汕头金融系与数据分析方向的优秀教师合作，积极进行金融科技的学术研究，从理论的角度为汕头金融科技的发展建言献策。

二是与科技公司合作，加快金融科技应用。汕头的金融机构应顺应金融科技发展趋势进行学习、创新以提升竞争力。汕头市政府应积极推动各金融机构与大数据分析应用、云端科技、机器学习、生物辨识等科技公司合作，通过异业合作以辅助金融业务发展，创新金融服务。目前汕头政府已经与腾讯签订了框架协议。腾讯在即时通信、电子商务以及在线支付、信息安全等方面采用领先技术，汕头市政府未来可以积极推动与腾讯在电子支付、移动银行、金融大数据分析、生物辨识以及未来区块链技术等方面的合作，加快汕头金融机构对金融科技的应用。

## 4.5 切实普及金融知识

汕头市政府应该持续推动金融知识普及工作，在这一点上，可以借鉴台湾地区的经验，通过“产学合作”及整合金融周边单位资源，持续推进金融基础教育。针对学生、中年人及老年人，并迎合技术的发展，积极利用移动通信及网络社群媒体等渠道，普及合适的金融知识。

### 4.5.1 开展校园讲座

通过政府、金融机构和学校合作，到汕头市各中学及更高学院开展金融知识讲座，并通过微信公众号推文、微博宣传等方式，广泛地倡导并提供金融知识，有效提升汕头学生的金融知识与能力。

### 4.5.2 开展社会倡导

针对高龄者，可以主要通过与高龄者协会等高龄者组织合作，通过倡导的活动形式，并辅以纸质宣传，在宣传高龄者金融产品的同时，增加高龄者金融常识，降低高龄者被诈骗的可能性。针对中年人，通过政府牵头，可以采取电视、网络宣传与金融机构营业部宣传栏等渠道进行全面宣传，增加中年人金融知识储备，减小汕头市民与金融机构信息不对称问题，以提高其金融风险防范意识。

### 4.5.3 开展农村金融公益活动

随着农民财富的积累，更多农村村民有理财的需求，但是苦于缺乏基础的金融知识，除了将闲余资金储存于银行或邮政储蓄、农村金融机构等，一般无其他理财渠道；另外，现在金融诈骗也已触及农村地区，由于缺乏金融知识，农民的抗欺骗性较差。通过在农村开展公益性的金融知识普及活动，增强农民对金融知识的了解，提供其多元化的理财选择，并提高其抗欺诈性。

〔参考文献〕

[1] 蔡晓丹，朱洁. 广东促进金融科技产业三融合走出新路子 [J]. 广东经济，2015 (4)：56-59.

[2] 程建辉，谢秉铨. 以房养老促进高龄者照顾品质之案例探讨——以台湾民间非营利组织“附负担捐赠”为例 [J]. 物业管理学报，2012，3 (2)：71-80.

[3] 董玉峰，路振家. 金融普及教育存在的问题、国际借鉴及对策 [J]. 金融理论与教学，2016 (1)：84-86.

[4] 赖清祺. 高龄化社会与金融市场发展 [J]. 亚洲金融 (季报)，2012 (7)：39-53.

[5] 中国“台湾地区金融监督管理委员会”. 金融产业发展政策白皮书 [Z]. 2016.

[6] 刘佳宁. 科技、金融、产业“三融合”的广东实践 [J]. 南方经济，2015 (9)：112-116.

[7] 杨锡奎. 从 Sibos 2015 年会观察 Fintech 的发展 [J]. 证券服务， 2016 (5)：59-70.

[8] 杨妍琳. 大数据金融的“王者之道” [J]. 时代金融，2016 (27)：17-20.

[9] 杨家彦. 台湾地区金融产业的新未来 [J]. 台湾经济研究 (月刊)，2009，32 (1)：46-50.

[10] 伟刚. 我国银行业、养老业业务发展浅析 [J]. 甘肃金融，2016 (1)：60-62.

[11] 余全强. 人口老龄化背景下发展养老金融的必要性及对策分析 [J]. 金融经济，2014 (14)：3-7.

[12] 王超. 移动互联网金融的发展对于高职金融专业人才培养的影响分析 [J]. 中外企业家，2016 (2)：177-178.

[13] 朱启恒. 大数据于金融业的应用 [J]. 台湾财金咨询 (季刊)，2015 (10)：12-18.


# Advice On the Development of Shantou Financial Industry

## —Based on Chinese Taiwan's Financial Innovation Experience


Jianqi Zhu [1]　Zelan Lin [1]　Ming Zhang [1]　Guomin Mo [2]

(Shantou University Business School [1], Shantou University Law School [2], Shantou, Guangdong, 515063)



**Abstract**: From the perspective of studying the experience of Taiwan to promote the development of Shantou's financial industry, this paper uses the method of experience summarization and comparative analysis to analyze the status quo of Shantou's financial industry and summarize the achievements of financial innovation in Taiwan. According to the actual demand of Shantou's financial development and based on selectively studying Taiwan's financial innovation experience, we propose some ideas on the development of financial industry in Shantou. The ideas are put forward from five aspects, including cultivating all-rounded financial talents through "industry-academy cooperation"; developing multi-party financing to boost the financing of small and medium-sized enterprises; designing financial products and service for the aged; establishing diversified financial technology ecosystem and popularizing financial knowledge.



**Key Words**: Shantou Finance; Chinese Taiwan Financial Innovation; Talent Education; Financial Products for the Aged; Financial Technology

**JEL Classification**: F21

# 新形势下两岸文化交流的意义和前景评析

李文艺

（浙江大学城市学院，浙江杭州，310015）

[摘　要] 过去八年两岸交流取得重大进展，也浮现出了一系列问题。蔡英文当选台湾地区领导人后，两岸关系遭遇山重水复，在不放弃以经贸增强两岸交往内在动力的同时，加强两岸文化教育交流合作，对于拉近两岸人民心理距离，进一步促进两岸社会层面的良性互动，持续推动两岸和平发展具有深远意义。本文拟就两岸文化交流的状况、存在的问题进行梳理，探索两岸文化交流的战略方向并提出对策建议。

[关键词] 两岸关系；文化；交流

[JEL 分类] D618

2008年以来，两岸关系在“九二共识”的基础上一度出现转机，获得了一个时期的平稳、全方位发展，然而，2016年初抱持“台独”党纲的民进党“上台且全面执政”。民进党实力大增，政治行情看涨，台湾地区民众虽总体赞同两岸关系和平发展，但中国认同持续下降，支持“急独”或“缓独”的人数上升；大部分人虽赞成“维持现状”，但坚持台湾地区主体性的所谓“天然独”占有不小比例。蔡英文以台湾地区民意为借口，拒不承认“一个中国”原则，模糊“九二共识”，在经济、政治、文化上顽固地推行一条与中国大陆相切割的路线，大搞文化“台独”和隐性“台独”，两岸关系面临严峻挑战。在此情形下，两岸社会加强文化交流，共同承担发扬中华文化的历史使命，携手形成推动文化的合力，是率先增强两岸民众互信的良好途径，更可为克服“经济一体化”过程中的阻力，进而破解政治难题打下基础。

## 1　两岸文化交流的现状及意义

广义的文化指的是人类在社会历史发展过程中所创造的物质和精神财富总和，包含物质文化、制度文化和心理文化三个方面。物质文化是可见的显性文化；制度文化和心理文化分别指生活制度、家庭制度、社会制度以及思维方式、宗教信仰、审美情趣，属于不可见的隐性文化。而比较狭义的文化，即指社会意识形态。①“社会意识形式”，即“法律的、政治的、宗教的、艺术的和哲学的”观念系统，是文化结构的重要组成部分。有学者提出，两岸文化交流应加强两岸主流文化观念的交流与融合。② 当前两岸交流一般划分为政治、经济和文化三个部分，在两岸交流领域，与政治、经济相对应的文化主要指观念上层建筑及其具体的表现形式，包括教育、科学、卫生、体育、出版、新闻等较为宽广的领域。

[作者简介] 李文艺，浙江大学城市学院讲师、博士。

① 王仲士. 马克思的文化概念 [J]. 清华大学学报（哲学社会科学版），1997（1）：22-28.

② 陈孔立. 两岸文化交流深化的取向 [J]. 台湾研究集刊，2016（4）：1-6.

## 1.1 两岸文化交流的成效和现状

两岸文化交流几十年来从无到有、从间接到直接、从单向到双向，为维系和推动两岸交流发展发挥着独特作用。

### 1.1.1 文化活动开启两岸交流的先河

1987 年 11 月，台湾当局开放台胞来祖国大陆探亲，由于两岸同根同源，中华文化一脉相承，岛内知识界和民众出现了“思乡热”和“寻根热”，台湾当局不得不顺应形势，在不触碰敏感性政治议题的条件下，率先开放了两岸文化领域交流，岛内文化界人士开始与大陆同行接触，一些台湾歌手来大陆演唱，成为两岸交流建制探索的开始。1992 年 8 月，由 12 名艺术家组成的“大陆艺术家演出团”首次进入台湾，实现了两岸文化的双向交流。文化交流打开了两岸交流的先机，尤其在文学、艺术方面的交流以丰富多样的形式影响两岸社会，自此以后，两岸各项交流渐次推动发展。

### 1.1.2 文化交流的形式多样且成果丰硕

2005 年国民党荣誉主席连战到访大陆，两岸高层往来破冰后，两岸文化交流更趋活跃。台湾高层人士多次亲赴大陆参加两岸文化交流论坛、祭祖仪式等活动。前八年两岸和平发展时期，国共平台的重要标志“国共论坛”被正式定名为“两岸经贸文化论坛”，连续举办共 10 届，为推进两岸关系和平发展做出了历史贡献。两岸文化交流水平也大幅提升，海峡两岸艺术节系列活动、两岸图书交易会、台湾学生“北国风情”冬令营、海峡两岸知识大赛、两岸学生棒球联赛、妈祖祭祀大典等，不断涌现出各式两岸文化交流项目，不少已经深具品牌效应。通过不断深化的文化交流，两岸文化界合作打造了一大批艺术精品，“两岸昆剧汇演”“两岸戏曲大展”“两岸小戏研讨及汇演”等两岸共同倾力奉献的文化精品屡获社会好评，共同传承了中华民族的优秀文化。此外，两岸图书馆、博物馆、美术馆以及艺术院校人员广泛往来、互通经验、分享成果、深化合作，同样硕果累累。两岸文化交流遍布广泛的领域，尽管两岸没有签署文化交流协议等宏观框架协议书，但是许多具体领域和部门的合作已经逐渐开始尝试和探索常态化模式，为两岸交流的制度化积累了宝贵经验。

### 1.1.3 两岸文化交流的社会影响持续扩展深入

文化包罗万象，具有大众化的特点。目前，两岸文化交流领域已经遍及教育、出版、图书馆、博物馆、新闻传播、民间艺术、演出、展览、求学、研讨、宗教、民俗、地方文化、特色文化等各个方面，同时，经贸与文化相结合的文化创意等新兴产业也在快速兴起。大陆范围内，地方参与两岸文化交流，特别是民间的交流热度不减，各地纷纷举办以文化为主题的两岸交流活动，两岸文化往来也逐渐由沿海向内地推进。从规模上看，据不完全统计，2013 年两岸文化交流项目有 2116 项，参与者达 11604 人次。[①] 2014 年，仅文化系统的对台文化交流项目即有 500 项，12593 人次参加。[②] 近年来，台湾地区演艺人员近 600 人次参与大陆电视剧和广播电视节目制作。[③] 大陆 289 所高校与台湾地区 108 所高校签署校际交流与合作协议，约 2 万名台湾学生来大陆高校就读。[④] 两岸间先后成功联合举办“情系三峡”两岸文化联谊活动、“海峡两岸文化艺术节”“海峡两岸歌仔戏

---

① 两岸文化蓝皮书《两岸文化产业合作发展报告（2014）》，两岸文化产业领域合作向纵深发展［EB/OL］. 人民网，http: //tw.people.com.cn/n/2014/0707/c14657-25249702.html，2014-07-07.

② 中华人民共和国文化部 2014 年文化发展统计公报［N］. 中国文化报，2015-05-19.

③ 叶克冬倾听台湾文化界诉两岸交流合作“成长的烦恼”［EB/OL］. 中新网，http: //www.chinanews.com/tw/2014/02-28/5897930.shtml，2014-02-28.

④ 贾庆林在第五届两岸经贸文化论坛开幕式上的演讲［EB/OL］. 中央政府门户网站，http: //www.gov.cn/ldhd/2009-07/11/content_1363170.htm，2009-07-11.

艺术节”“海峡两岸南音展演暨民间艺术节”“海峡两岸民间艺术节”“两岸城市艺术节——城市文化互访系列”等大型文化交流活动。2016年，南京、杭州、武汉、西安等多个城市举办了一系列两岸社区交流活动，为增进两岸基层民众的相互了解搭桥铺路。[①] 通过举办综合性两岸文化交流，积极营造两岸全民参与的良好氛围，有力推动了两岸社会层面的认知。以两岸共同文化传统为基础，两岸文化交流成为两岸社会民众体验式思想交汇、融合的媒介与黏合剂。

#### 1.1.4 继续深化两岸文化层面的交流仍有机遇

近几十年的发展历程表明，全面推进和深化两岸教育交流合作，是两岸同胞的一致愿望，势不可当。大陆推动两岸关系和平发展为拓展两岸教育交流合作提供了更好的环境和条件。马英九当选台湾地区领导人以来，两岸关系持续改善，两岸高层对共谋文化兴盛和交流表现出浓厚兴趣，积极赋予文化交流新的使命。台湾地区学校与大陆学校实施对接及两岸高校异地办学政策，承认大陆高校学籍，两岸教育合作一度“有序开放”，获得稳步发展。大陆中央芭蕾舞团、中国京剧院、北京人艺、浙江小百花越剧团、上海昆剧团等优秀艺术团体携精品赴台演出，满足了台湾同胞了解大陆文化发展的愿望。台湾地区文化团体和文化界人士来访，云门舞集、汉唐乐府、国光剧团等岛内著名艺术团体来大陆巡演。蔡英文上台后，拒不承认“九二共识”，推行文化“台独”工程，两岸各层面的交流受到冲击。在两岸政治商谈僵持，蔡英文制造两岸经济隔离的背景下，文化交流成为维系两岸关系发展的重要方面。目前，两岸文化交流仍具备前几年两岸关系深入发展的基础，可以乘势而为，维护两岸社会的共同利益和融合发展。在文化“台独”有可能肆虐的情形下，文教交流在两岸交往中的地位更应提升。加强两岸文教交流在争取台湾民心方面的意义更突出，任务更艰巨。新形势下，寄希望于台湾人民，塑造文化认同，并提升至民族和国家认同尤为必要。

### 1.2 深化两岸文化交流的重要意义

在整个社会结构中，一方面经济起基础的决定作用，文化要受其支配；另一方面文化又不是简单的附属现象，它存在于社会实践、社会生活的方方面面，从深层制约和影响经济、政治活动。[②] 文化传播理论表明，具有相似文化的群体，由于有相似的文化特质和文化母体，比较容易互相适应。作为社会意识形态的文化，是对一定政治和经济结构的反映，同时又对政治和经济产生巨大影响。文化兼具低敏感度和高影响力的特征，能较直接地触及情感和认同，发挥文化交流在深化两岸和平发展中的作用，探索中华民族强国复兴、实现统一的路径，意义深刻甚至无可取代。

第一，可以从共同历史文化入手拉近两岸同胞心理距离。两岸对中华文化都有很好的继承和发展，在宏扬中华文化传统方面几乎没有障碍，完全有可能做到由共同发展走向共同认同。文化认同是个体被群体的文化影响的感觉，是个体对于所属的文化的归属感，表现在从地理位置、历史到国籍、宗教以及种族民族划分等各方面，文化认同对于维护国家统一、标志民族特性以及塑造凝聚力、向心力发挥着基础作用。中华文化是中华民族和中国区别于其他民族和国家的基本特质，是中华民族身份的象征，文化认同是未来实现两岸统一的重要前提。况且，中华文化的核心意涵之一是国家一统的思想，中华民族自古以来就有维护统一，反对分裂的文化基因。例如，作为中华文化重要象征的“关公文化”，其核心理念就是“大汉一统”，即新时代的国家统一。文化交流属于软性的心理介入，是心灵平等的对话，交心了就有进一步互动的可能。[③] 习近平总书记在

---

① 阻割不断的情缘　生生不息的盼望——两岸社会文化交流融合的年度观察［EB/OL］. 新华社，http：//news.xinhuanet.com/2016-12/26/c_1120189890.htm，2016-12-26.

② 韩美群. 马克思文化概念的多维透视［J］. 江汉论坛，2007（3）：124-126.

③ 文化界委员热议两岸文化交流现状［EB/OL］. 海峡之声网，https://news.artron.net/20100315/n100258.html，2010-03-15.

论述两岸命运共同体时指出：“两岸同胞要以心相交、尊重差异、增进理解，不断增强民族认同、文化认同、国家认同。中华文化是两岸同胞共同的精神财富，也是两岸同胞血脉相连的精神纽带。两岸同胞要加强文化交流，发挥各自优势，共同传承中华文化优秀传统，建设共同精神家园，实现心灵契合。”① 因而，推进两岸统一大业，努力实现和平统一，既要体谅在历史上形成的台湾民众复杂的心态；两岸有隔阂，更应该在理解的基础上弥合，依托共同的历史记忆和文化传统，构筑两岸命运共同体，形塑共同的国家认同。

第二，可以从社会层面累积两岸的共识和互信。文化具有稳定和持久的特征，在两岸各种有形交流中的阻碍最小。文化交流常常不必同政治那样去刻意规避敏感的政治符号，也不像经济交流那样重利而轻情，在文化交流中可以更多地选择双方都能接受的主题，就广泛的话题深入交流，所以文化交流可以操作的空间较大。很多时候，民间社会的文化交流可以跨越甚至弥合政治藩篱，文化交流的柔性可以有效降低进而避免两岸政治分歧的正面冲撞。所以，当前两岸关系的现实说明：“即将过去的 2016 年，尽管台湾‘政局’变动使两岸关系阴霾再现，但两岸民间往来、文化交流与社会融合势头不减。”② 文化及文化交流可以成为政治分歧的缓冲地带，搭建“建立互信、搁置争议、求同存异、共创双赢”的平台。两岸虽然经历了 60 多年的隔离，文化认同、民族认同没有发生根本变化，重要原因是基于文化稳定性的共同文化体认。孙亚夫认为：“文化的内在灵魂是人的基本价值、基本行为准则，最大特质是以无形的观念影响有形的存在，回答的最重要最根本的问题是‘我是谁’‘我们是谁’，文化认同带动或推动着民族认同和国家认同。”③ 随着两岸经贸等各项交流以及社会一体化的步伐，中华文化将有可能成为在暂时搁置两岸政治、意识形态和制度争论的前提下，继续推动两岸民族国家认同，从基层构筑两岸政治互信的抓手。

第三，有力限制“台独”阴谋，利于国家的和平统一事业。民进党二度“上台执政”，从过去的陈水扁到如今的蔡英文，民进党当局皆在事实上制造两岸关系的不稳定，不仅从政治领域，而且试图从文化教育领域撕裂两岸，制造“两岸两国”的假象，“台独”分裂势力的阴谋很难得逞，其重要原因是中华文化早已深植于两岸人民心中，渗透于日常生活，根基无法动摇。文化的整合有利于制度的整合，有利于排除“去中国化”因素的干扰。两岸人民在交流交往中不断增进感情、拉近距离，更有利于限制“台独”力量，促进两岸社会一体化。民进党蔡英文执政后，两岸关系和平发展遭遇挫折，但是“与官方冷、政治僵形成鲜明对比的是，两岸交流交往的民间性、社会性、青年性日益明显，经济性与文化性依然展现出强大的生命力，成为两岸关系发展的重要体现与再生动力。”④ 基本上，台湾地区政治生态的变迁以民意为导向，民进党归根结底以选票至上，利益为本，蔡英文虽执念巩固、一意孤行，但终究不可能罔顾民意和时代潮流而动。

# 2 深化两岸文化交流的困境及原因

## 2.1 两岸文化交流存在的问题

两岸文化交流虽至今热度不减，但与两岸关系持续深入发展的目标还有差距，存在的主要问

① 习近平就建设两岸命运共同体提出 5 点主张［EB/OL］. 新华社，http：//news.sina.com.cn/c/2015-05-04/140331791149.shtml，2015-05-04.

② 新华社新媒体专线：两岸社会文化交流融合的年度观察［EB/OL］. 网易财经，http：//money.163.com/16/1226/15/C97LU1RR002580S6.html#from=relevant，2016-12-26.

③ 孙亚夫. 新形势下两岸文化交流合作的意义及作用［N］. 光明日报，2014-12-10：6.

④ 严安林. 2016 年两岸关系发展四大基本特征［EB/OL］. 中国台湾网，http：//www.taiwan.cn/xwzx/bwkx/201003/t20100310_1279459.htm，2017-01-03.

题有：

### 2.1.1 两岸文化交流总体上发展不均衡

首先是交流领域的不平衡，两岸文学艺术领域的交流要远多于其他文化领域的交流，直接触及价值观、国家观的交流途径少、局限多。其次是交流规模不对称，大陆赴台交流项目远远多于台湾来大陆交流的项目和次数。政策上也不对等，大陆采取大量积极开放两岸交流的政策和措施，台湾方面却对两岸文化交流采取相对保守的态度，多有限制保留之处，参与人员的层级也常受到岛内政治生态变化等因素的干扰。[①] 多方面的不均衡制约导致两岸文化交流的外溢效应，不少活动流于形式，只有交往，没有交心。

### 2.1.2 两岸文化交流的制度化保障不够

与经贸相比，文化交流长期以来停留在民间层次，处于半自生自灭的状态。两岸文化交流亟须通过协商建制，争取更多资源，得到保障支持。虽然在民间交流中，官方在点对点和个案上与民间组织有结合，并在两岸文化交流中引入市场机制，两岸文化交流自发性强、活力足；但大型活动有人员、经费保障，因无法依据成文法律和制度，交流的限制还比较多，操作程序复杂，深入交流的风险难以控制，在很大程度上制约了两岸文化交流向纵深、紧密发展。因而，伴随出现两岸文化交流基础研究和硬件设施建设滞后的问题，着眼于长远的两岸文化规划也亟待完善。

### 2.1.3 两岸文化习惯的差异融合做得不够

仅就文化的最重要载体——语言形式而论，两岸分离造成各自在语言上发展出不同的用法，专业领域上的词语用法不统一，两岸各文化领域的交流以及文化产业合作已频现负面影响，两岸有关部门已联络尝试通过共同编撰词典等方式增进共性。[②] 近代以来，两岸历史道路差异，社会制度、意识形态不同，两岸同胞在政治思想观念上有些争议还比较尖锐，文化认同与国家民族认同异质化发展，与大陆同胞在总体上的认知分化明显。在台湾，西方的"自由""民主"成为台湾地区民众的核心价值；"台湾主体意识"迅速上扬，不仅与大陆的认同感下降，而且呈现出割裂"文化中国"与国家意义中国的社会意识。台湾民众中华文化认同与国家民族认同分离的现象为两岸文化交流的目标、方式、走向提出更高要求。

## 2.2 两岸文化深度交流合作的主要制约因素

首先，受制于两岸关系发展的总体环境。回望两岸关系，2000年后的一段时期，岛内"台独"意识甚嚣尘上，两岸政治关系紧张之时，经贸与文化交流受限重重。马英九当选台湾地区领导人后，在"一个中国原则"基础上，两岸政治僵局有所突破，经贸往来迅速升温，两岸人员和民间往来密切，虽"海协会"与"海基会"谈判集中在经贸，但双方已在积极探索文化交流的制度化。民进党蔡英文当选台湾地区领导人后，拒不承认"九二共识"，两岸关系重新踏入危险的边缘，两岸对话和两岸关系制度建设实际上双双处于停摆的状态。就文化与政治的关系看，文化议题归于政治上层建筑，而政治观念的突破依赖文化观念的突破。美国学者亨廷顿认为冲突的根源乃是一个文化问题，因两岸文化渊源相同，所以在经历半世纪多差异甚巨的政治发展后，仍有极大的整合机会。[③] 而此种整合需两岸务实面对，顺应形势，以降低两岸关系风险，以求同化异的方式为之。

---

① 专家谈"两会"热点：解读两岸文化交流热点话题［EB/OL］. 中国台湾网，http：//www.taiwan.cn/xwzx/bwkx/201003/t20100310-1279459.htm.，2010-03-10.

② 解读两岸文化交流热点话题［EB/OL］. 中国台湾网，http：//www.taiwan.cn/xwzx/bwkx/201003/t20100310_1279459.htm，2010-03-10.

③ 黄筱芗. 从文化交流角度思考两岸之前瞻［EB/OL］. 中国网，http://www.china.com.cn/chinese/TCC/haixia/50134.htm，2001-08-10.

其次，受制于台湾社会结构变化。国民党执政时期，虽然“法理台独”和“文化台独”曾得到一定程度的遏制，两岸文化认同有一定程度上的恢复，但“政治民主化”时代的国民党在思想上已有主动迎合“台湾主体意识”的一面，政党组织上已全面“本土化”。蔡英文当选台湾地区领导人后，更是夸大“台湾主体意识”，煽动民粹，将民意贴上所谓“天然独”的标签，混淆视听。当前政治生态下的台湾政党，所依据的以及意图诱导的是台湾的社情民意，随着台湾社会结构的变化，“执政当局”政策目标指向的模糊与混乱，将限制两岸文化的交流发展，限制文化交流在促进两岸最终统一方面作用的发挥。[①] 改变这一趋势，看起来任重道远。

最后，受制于文化交流与文化认同的契合程度。两岸人民虽然都有一个共同的族群意识和族体文化认同的观念，然而不同的历史经历，特别是台湾同胞长期受外国殖民势力的奴役统治造成与大陆的疏离感，彼此都很难从现实的角度理解对方文化社会的合理性。因而，两岸在文化交流的过程中仍然不可避免地产生文化冲撞。台湾民众体会到的“大陆意识”包括同亲族、近地缘、文化中心、历史沿革、权力意识和国家统一意识等。大陆民众理解台湾社会的“台湾意识”则隐含区域主义特征，表现为“少数民族意识”“乡土意识”“生命共同体意识”“少数民族自决意识”等，反映了台湾地区人民对经济成长的自足情绪与国际空间受制约的矛盾心态。这种文化认同上的差异性进而影响政治生态的发展。现阶段两岸文化交流诸多困境的出现很大程度上是因为两岸文化交流的目标不明确，对两岸一体化文化观念的形塑力较弱造成的。所以，有学者也认为：“异己思维将影响两岸文化交流的成效，一旦在文化上将台湾与大陆分裂开来，两岸即使进行交流，也无法产生文化上的亲情体验，无法达到两岸文化融合的目的。[②] 从这个意义上说，两岸人民努力消除制度差异和意识形态不信任，文化交流渠道更具影响力。

## 3 有序推进两岸文化交流合作的主要途径

几十年来的两岸文化交流推动了中华文化艺术在海峡两岸的传承与创新，交流的大趋势虽是任何人都无法阻挡的，但如何抓住机遇，通过两岸文化交流进一步缩小两岸民众在认同上的差异，寻求和平发展更多的共识，需要两岸发挥优势、贡献智慧、共同推进。应以解放思想、务实有为的态度，克服困难，开拓更加广泛的两岸文化深度交流合作，可通过以下途径逐步实现由“文化一体”向“政治一体”的有益探索。

第一，文化交流可率先着眼于社会面的制度化。从扩大两岸双向文化交流的长远规划出发，两岸应建立起文教交流的制度化安排，这样双方都将减少阻力，有效控制交流风险，化解文化交流中的人为障碍和相互冲撞，保证交流的深入和常态化。同时，制度化的形成也会减少岛内政权轮替对文化交流的影响。在两岸协商体制受民进党执政冲击的情况下，文化交流的制度化建设可凭借民间的力量来助推，甚至可优先于两岸经贸，以两岸文化交流的制度化探索两岸关系制度化的内生动力，探索“反独促统”的基层推动途径。文化交流的制度化亦是两岸文化交流的基础工作之一，制度化的重要内容是文化交流大方向、大目标的设定，制度化建设应重点落实于两岸共同文化价值理念的重塑，注重求同化异。如果无法实现两岸民众的心灵契合以及整体价值观念的整合，两岸各种交流越多，不一定会带来共性的增加，反而可能造成嫌隙增大。

第二，以更开放务实的态度突破文化交流的障碍。发展过程中的问题需要用发展来解决，同样，交流中遇到的问题更应通过加强交流来突破。以务实的态度越过两岸交流交往中的困境就是

---

① 弘扬中华文化，加强两岸文化交流［EB/OL］. 华夏经纬网，http://blog.huaxia.com/html/07/8407_itemid_2861.html，2010-03-25.

② 陈桂清. 浅析当前两岸文化交流的主要问题及解决之道［J］. 现代台湾研究，2015（5）：17-22.

要持续加强两岸在各方面、各层次的交流合作，拓展路径、改进方法。文化与经济、政治的关系说明，它们之间是相互依存的关系。美国著名学者托夫勒认为，哪里有文化，哪里早晚就会出现经济繁荣，而哪里出现经济繁荣，文化就会更快地向哪里转移。两岸文化交流的主要内容是中国文化，而源远流长、博大精深的中国文化内涵十分丰富，是用之不竭、取之不尽的财富，而交流的过程也是继承、充实和发展中国文化的过程。就两岸文化交流的核心部分，即主流价值体系而言，也应该超越固有思维，体现创新。陈孔立认为："两岸既要开展文化领域各个项目的交流，又要开展两岸主流文化的交流，而且应当特别重视两岸主流文化的交流；既要开展'同'的文化交流，又要开展'异'的文化交流，而且应当特别重视'异'的文化交流，这是两岸文化交流深化的两个要点，也就是两岸文化交流深化的正确取向。"① 两岸囿于制度分歧产生的国家民族认同差异需弥合提升，创造共同的价值体系。两岸文化交流，除了大量"求同存异"的交流，更多的则应该创新和改进交流模式，在"求同化异"上下功夫，实现在相互了解的基础上，争取相互理解，以正确的能走向一致的基础，化解差异，方能实现中华民族的共同利益、整体利益。

第三，合作推进对外国际文化交流。文化是一个民族的灵魂，没有文化就没有民族的存在；文化也是一个国家或地区的软实力、向心力和凝聚力的内在精髓，更是一个国家或民族自信心和自尊心的重要来源。两岸既然共享中华文化，又各有建树，互补所长，更应该携手合作扩大在国际文化交流中的影响力，共同发扬中华文化对其他民族的感染力，共享中华文化发展的成果，而不是如蔡英文般有意从文化割裂中华民族文化，与中华民族的统一和复兴背道而驰。"融合两岸文化的表达方式，探索中华文化的现代传承样式和解读方式，培育具有中华文化特质和国际影响力的文化传播新机制、新模式和文化创意产品，打造国际文化品牌，形成有说服力、感染力、亲和力的国际文化传播话语体系，增强文化话语权，加快中华文化走向世界的步伐。"② 在新形势下，两岸学界政界已经逐渐认识到这一点，第三届"两岸文化发展论坛"形成的共识之一就是"随着两岸文化交流的持续深入，在建设'一带一路'的背景下，两岸同人要进一步凝聚共识，凝聚力量，共同承担起对中国文化进行国际化传播的历史使命。"③ 在实现中华民族伟大复兴的中国梦共同目标指引下，两岸若以整体的面貌示人，共同对外开展国际合作，对于促进两岸社会和民众的共同体意识具有重大的现实意义。

第四，在经贸交往中进一步加强文化产业的合作。经贸在过去30年的两岸交流中扮演了重要角色，成为两岸关系的"垫脚石"。经贸交流有一定的局限性，一段时间以来，两岸经贸关系的发展呈现出"物质化"倾向，并未直接带来两岸同胞认同感差距的缩小，台湾同胞认同混乱的局面并没有得到显著改善。④ 经贸与文化的交融并上升到政治认同不是个必然的过程，需要人为地推动，且经贸交流融合有一定的局限性，"商人重利轻别离"，岛内一些别有用心的人甚至打出所谓经济归经济，政治归政治的口号，图谋诋毁两岸和平发展的良好局势。因应两岸经贸交流的特性和台湾政治生态的变迁，文化交流正上升为影响两岸关系的核心因素。文化产业既是经济，也是文化，文化产业将二者有机地结合起来，既取文化交流之长，又补纯粹经贸交流之短。在两岸文化产业的合作中，既能让两岸的从业者有更多的机会切磋、磨合，从共同的文化土壤中创造出文化创意的产品，又可充分运用两岸从业者各自的地利条件，因地制宜，把握两岸市场动向，以共同创造的文化产品、精神食粮回馈两岸社会，源源不断地产生两岸社会和民众都喜闻乐见的、具有广泛吸引力的文化成果，在分享这些文化成果的过程中，回应出更多的共鸣来凝聚出两岸民众

---

① 陈孔立. 两岸文化交流深化的取向 [J]. 台湾研究集刊，2016 (4)：1-6.

② 张东刚. 努力做好两岸文化交流合作的大文章 [N]. 光明日报，2015-10-23.

③ "两岸文化发展论坛"：共同致力于中国文化的国际化传播 [N]. 光明日报，2015-08-23.

④ 王蔚. 海峡两岸的文化交流与文化认同 [J]. 领导之友，2009 (6)：41.

越来越多的共识。

总之，文化交流在两岸民众间搭建了沟通心灵的桥梁，在两岸形势丕变及国家提出积极参与国际社会，做负责任大国，打造两岸命运共同体，共筑中国梦的背景下，积极推进“一带一路”，面向世界全面提升“国家软实力”之际，两岸间文化交流的意义重大。两岸文化由差异走向趋同也只能通过加强文化交流来实现。在台湾政治生态变迁的新形势下，推进两岸各层次的文化交流，不仅有利于两岸关系和平发展，更可为两岸共同提升中华民族、中华文化的影响力开拓新路。进而构筑于共同民族自尊心、自信心之上的中华文化认同不失为两岸实现和平统一的最佳路径。


〔参考文献〕

[1] 林冈. 台湾政治转型与两岸关系的演变［M］. 北京：九州出版社，2010.

[2] 严安林. 两岸关系和平发展制度化理论研究［M］. 北京：九州出版社，2013.

[3] 李非，李鹏. 海峡两岸关系和平发展简论［M］. 厦门：厦门大学出版社，2015.

[4] 胡惠林，李保宗. 两岸文化蓝皮书：两岸文化产业合作发展报告（2014）［M］. 北京：社会科学文献出版社，2014.

[5] 范周. 创新·交流·合作：海峡两岸文化产业研究［M］. 北京：光明日报出版社，2014.

[6] 陈孔立. 两岸文化交流深化的取向［J］. 台湾研究集刊，2016（4）.

[7] 王仲士. 马克思的文化概念［J］. 清华大学学报（哲学社会科学版），1997（1）.

[8] 韩美群. 马克思文化概念的多维透视［J］. 江汉论坛，2007（3）.

[9] 陈桂清. 浅析当前两岸文化交流的主要问题及解决之道［J］. 现代台湾研究，2015（5）.

[10] 王蔚. 海峡两岸的文化交流与文化认同［J］. 领导之友，2009（6）.

[11] 孙亚夫. 新形势下两岸文化交流合作的意义及作用［N］. 光明日报，2014-12-10.

[12] 张东刚. 努力做好两岸文化交流合作的大文章［N］. 光明日报，2015-10-23.

[13] “两岸文化发展论坛”：共同致力于中国文化的国际化传播［N］. 光明日报，2015-08-23.

[14] 中华人民共和国文化部2014年文化发展统计公报［N］. 中国文化报，2015-05-19.

[15] 习近平就建设两岸命运共同体提出5点主张［EB/OL］. 新华社，http：//jjckb.xinhuanet.com/2015-05/05/content_546609.htm，2015-05-04.

[16] 黄筱芗. 从文化交流角度思考两岸之前瞻［EB/OL］. 中国网，http：//www.china.com.cn/chinese/TCC/haixia/50134.htm，2001-08-10.

[17] 严安林. 2016年两岸关系发展四大基本特征［EB/OL］.中国台湾网，http：//www.taiwan.cn/plzhx/zhjzhl/zhjlw/201701/t20170103_11668045.htm，2017-01-03.

[18] 叶克冬倾听台湾文化界诉两岸交流合作“成长的烦恼”［EB/OL］. 中新网，http://www.chinanews.com/tw/2014/02-28/5897930.shtml，2014-02-28.

[19] 贾庆林在第五届两岸经贸文化论坛开幕式上的演讲［EB/OL］. 中央政府门户网站，http://www.gov.cn/ldhd/2009-07/11/content_1363170.htm，2009-07-11.

[20] 文化界委员热议两岸文化交流现状［EB/OL］. 海峡之声网，https://news.artron.net/20100315/n100258.html，2010-03-15.

[21] 黄筱芗. 从文化交流角度思考两岸之前瞻［EB/OL］. 中国网，http://www.china.com.cn/chinese/TCC/haixia/50134.htm，2001-08-10.

[22] 弘扬中华文化，加强两岸文化交流［EB/OL］. 华夏经纬网，http://blog.huaxia.com/html/07/8407_itemid_2861.html，2010-03-25.

# The Significance and Prospect of Cross-strait Cultural Exchanges under the New Situation

Wenyi Li

(Zhejiang University City College, Hangzhou, Zhejiang, 310015)

**Abstract**: Over the past eight years, significant progress has been made in cross-strait exchanges and a series of problems have emerged. After Cai Yingwen came to power, the cross-strait relations suffered a lot. So emphasizing on the inner power of strengthen cross-strait exchanges at the same time, strengthening cross-strait cultural and educational exchanges and cooperation between people on both sides, for the psychological distance, to further promote cross-strait interaction in the community level, continue to push the peaceful development of cross-strait has far-reaching significance. In this paper, the existing problems are sorted out to explore the strategic direction of cross-strait cultural exchanges and put forward countermeasures and suggestions.

**Key Words**: Cross-strait Relations; Culture; Communication

**JEL Classification**: D618

# 地方政府与行业协会在产业集群升级中的作用

## ——以澄海玩具产业集群为例

陈伟钿 胡少东 林丹明

（汕头大学商学院，广东汕头，515063）

**[摘　要]** 在文献研究的基础上，本文归纳了产业集群升级的三大途径，即促进创新网络建设、嵌入全球价值链和加强集群网络治理，进而构建了地方政府和行业协会促进地方产业集群升级的理论模型。在该模型的基础上，以澄海玩具产业集群为例，采用事件分析法对地方政府和行业协会在促进产业集群升级中的作用进行分析。研究发现，地方政府和行业协会是推动产业集群升级的重要力量，而且，两者的作用既有互补性，也有重合的部分，这些重合的部分即是行业协会可以承接政府部分职能的地方，进而提出相应的政策建议。

**[关键词]** 产业集群；集群创新网络；全球价值链；集群内部治理

**[JEL 分类]** L14

## 1 引　言

在我国经济过去30多年的高速发展中，传统产业集群为地方经济发展做出了巨大贡献。当前，面对经济新常态，传统产业集群如何进行升级，是许多地方经济发展面临的重大课题。

在产业集群的发展过程中，地方政府和行业协会的作用不可或缺（波特，2003）。在地方官员晋升锦标赛的作用下，我国各地在加快经济发展中竞争激烈，地方政府作为现实中推进经济发展的主要行动者，其推动产业集群升级的积极性和作用更加直接和有效（王晓霞等，2012；张杰，2006）。作为产业集群中的重要行动者，行业协会是集体行动的关键实施者，可以协调集群企业行为、降低企业交易成本、维护成员利益、促进集群发展，在集群升级中也具有重要作用（徐建牛、孙沛东，2009）。现有相关研究均指出了政府与行业协会在集群升级中的作用。那么，在集群升级中，政府与行业组织的角色和作用有何不同？在当前深化社会管理体制改革中，部分政府职能向社会组织转移已成为必然趋势。探讨政府与行业组织在产业集群升级中的角色及其作用，对于新形势下行业组织如何更好地承接政府职能，发挥行业组织作用具有重要的意义。

---

**[基金项目]** 本文得到广东省科技计划项目"'互联网+'促进传统产业转型升级对策研究——以汕头为例"（2016A070705060）和汕头市科技计划项目"以'互联网+'促进汕头传统产业转型升级研究"的资助。

**[作者简介]** 陈伟钿（1975—），女，广东汕头人，汕头大学工商管理硕士研究生，研究方向为战略管理。胡少东（1973—），男，广东揭阳人，汕头大学商学院副教授，厦门大学经济学博士，研究方向为产业转型升级研究、区域经济研究等。胡少东为本文通讯作者，电子邮箱：sdhu@stu.edu.cn；电话：0754-86503634。林丹明（1962—），男，广东汕头人，汕头大学商学院教授，香港大学管理学博士，研究方向为公司战略管理、电子商务等。

## 2 文献综述

产业集群升级就是集群通过其内部的个体间加强经济业务合作网络和社会关系网络，以及通过外部加强和全球企业的联系而嵌入全球价值链，以增强集群竞争力，获取更多的价值增值，达到集群的可持续发展目的的具有阶段性特点的活动（刘芹，2007）。产业集群升级是一个不断积累、不断变化的过程。对产业集群升级的研究，现有文献集中从创新网络、全球价值链和集群治理三方面进行探讨，政府和行业协会对产业集群升级的作用分析也围绕这三方面展开。

**从创新网络的角度看产业集群升级。**创新网络是集群内外系统性的创新，网络构架的主要联结机制是企业间的创新合作关系（Freeman，1991）。从创新的角度来看，波特（2003）的"钻石模型"实际上也构建了一个产业集群的"创新网络"。蔡宁和杨闩柱（2003）认为创新网络无法自动形成，必须引入适当的制度安排与干预以便培育创新网络，认为政府部门的适当介入、行业协会的桥梁作用对集群的创新具有重要的推动作用。李文秀（2012）认为，要实现产业集群的升级就必须从促进产业集群内的创新网络建设开始，政府、行业组织、中介服务机构等通过促进集群内知识的传播或提供集群的创新知识，是集群内部创新网络的重要节点。李勇（2010）则进一步探讨了地方政府和行业协会在集群创新网络建设中的作用，他认为，在集群创新网络中，地方政府要营造公平竞争的环境，通过不同的投资主体来分步建设技术服务机构，提供技术来源与信息渠道，引入新技术并加快技术创新与传播，培育创新人力资源，使整个区域内形成良好的创新氛围，与企业、中介机构等共同建设一个能够实现自我良性循环、自我创新为主的集群创新系统。行业协会应增进集群各主体间的交流，协调可通过共同行动解决的问题，如塑造区域品牌形象、制定产品质量控制标准和组织企业参观学习、开拓市场等。

**从全球价值链的角度看升级。**全球价值链理论（Humphrey & Schmitz，2000；Gereffi，1999）认为，产业集群升级，是指产业集群从价值链的低附加值环节向高附加值环节攀升。Humphrey 和 Schmitz（2000）认为在全球价值链视角下，地方产业集群升级外在表现为沿着价值链从工艺流程升级到产品升级，再到功能升级，最后到链条升级。王传宝（2009）在全球价值链视角下对我国浙江产业集群升级机理进行实证研究，认为不同产业集群的升级机理是相同的，即从处在价值链低端的生产、制造环节向价值链高端的全球价值链两端（研发、营销、品牌等环节）跃升，直至跃升至另一链条。

在实现产业集群与全球价值链的联结，引导帮助产业集群嵌入合适的价值链方面，地方政府具有重要的作用（王晓霞，2012）。首先，地方政府能够分析、判断集群在全球价值链中的地位，并且与当前的经济发展方式转变、产业升级、技术创新和可持续发展等政策结合起来，积极寻找集群的全球细分市场机会，帮助企业适时调整嵌入方式和战略谋划。其次，地方政府可以用政策手段鼓励有能力、有条件的核心企业自主创新，引导更多企业引进和采用新技术、新装备、新工艺，设法强化大型企业在提升产业技术水平方面的龙头作用，带动集群创新发展（王晓霞，2012）。

**从集群治理的角度看升级。**易明（2011）将产业集群治理定义为"通过一系列正式或非正式、内部或外部的机制和制度，旨在协调集群行为主体之间的关系，建立和维护集群竞争优势并采取集体行动的持续的过程"。集群治理的目的就是为了提高集体效率，提高产业集群的总体竞争力。从集群治理的角度，地方政府和行业协会对促进集群升级可发挥重要作用。Giovanna 和 Marco（2000）认为，地方政府在集群政策中主要有四项职能：一是组织，包括制定规划、建设中介服务机构、促进群内外企业的联系与合作，以及与协会等合作拓展市场；二是提供公共物品，包括基础设施、创新资源、政策与法律等方面的指导；三是激发创新，包括培训、制定实施扶持政策、促进群内技术服务机构的发展；四是创建良好的商业环境，包括鼓励新企业成立、取消阻碍集群发展的规定、规范地方市场行为、支持合作而不破坏竞争等。产业集群的治理也离不开行业协会，行业协会等中介组织可为集群的升级发展做出积极的贡献（史东明，2003；徐建牛、孙沛东，2009）。廖园园（2011）通过对浙江多个地方产业集群的研究认为，行业协会对集群升级的促进作用有以下三个方面：一是价格协调和制定行业规范，防止群内企业恶性竞争和降低交易成本；二是提供信息和咨询服务，加强集群内外交流；三是充当执行中介，承接政府转移部分集群治理功能。有时候，协会还可承接地方政府移交部分职权，协助政府管理集群（廖园园，2011）。

综观国内外学者对产业集群升级的研究，虽然许多文献指出政府与行业协会在产业集群升级中具有重要作用，但对于政府、行业协会采取了哪些行动，这些行动对于集群的创新网络建设、嵌入全球价值链及集群治理有何促进作用等，尚未发现有深入的探讨。本文以广东省澄海玩具产业集群为例，采用事件分析方法，深入剖析并比较地方政府和行业协会在产业集群升级过程中所起的作用，为地方政府和行业组织进一步促进集群的升级提出政策建议。

## 3 地方政府和行业协会促进产业集群升级的理论模型

通过对现有文献的研究，我们可以归纳出地方政府和行业协会促进产业集群升级的主要途径有三种：一是促进集群创新网络建设，以培育产业自主创新能力；二是引导产业集群嵌入适当的全球价值链，以促进产业集群与外部创新因素、生产因素的紧密联系，进而提高产业集群的附加值和竞争力；三是加强集群网络治理，扶持集群内企业健康发展。这三种途径在集群成长不同阶段的应用是不同的，创新网络建设贯穿集群发展升级的全过程，只有不断创新才能促进产业集群的成长升级；集群内部治理和嵌入全球价值链两种途径都是集群发展到成熟阶段之后的升级方式，因为只有在集群发展到成熟阶段，集群的各组成要素才比较完整，才有可能进行科学合理的集群治理，才能结合自身的特点和优势选择合适的全球价值链嵌入。在前面文献综述的基础上，本文构建了地方政府和行业协会促进产业集群升级的模型（见图 1 和图 2）。

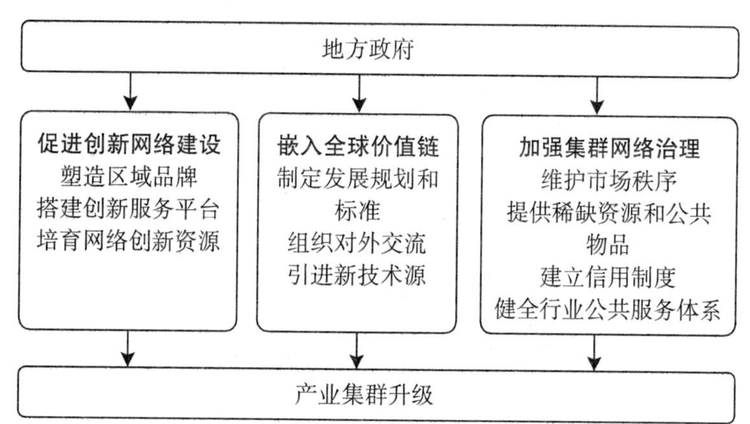


**图 1　地方政府促进产业集群升级作用的模型**

### 3.1　地方政府促进产业集群升级的理论模型

地方政府在集群创新网络建设方面主要有三个功能：一是塑造区域品牌，支持企业拓展市场；二是搭建创新服务平台，推动集群升级发展；三是培育网络创新资源，为集群创新活动提供支持。地方政府在嵌入适当全球价值链方面也有三个功能：一是科学制定发展行业规划，引导和推动产业集群升级发展；二是组织对外交流，带动企业开拓市场，建立与世界生产要素市场的紧密联系；三是引进新技术源，促进基础技术的产业化转化。在加强集群网络治理方面地方政府有更多作为，

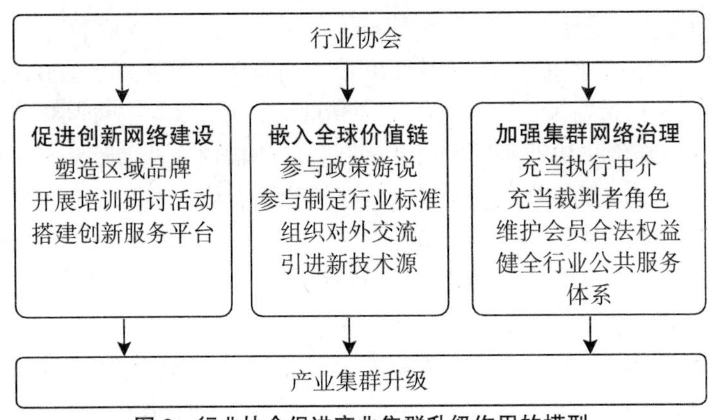

**图 2　行业协会促进产业集群升级作用的模型**

归纳起来主要有四个：一是提供稀缺资源和公共物品，弥补市场不足，扶持企业健康发展；二是维护知识产权，整治市场秩序，营造集群健康发展环境；三是建立集群信用制度，减少集群企业交易成本；四是健全行业公共服务体系，如研发支持体系、风险投资体系、小微企业融资体系等。其中“提供稀缺资源和公共物品”部分，稀缺资源包括土地、资金、人才等，公共物品包括道路、水电、通信等各类基础设施，还包括出台扶持企业健康发展的各项措施、建立研发中心及配套服务设施等。

## 3.2　行业协会促进产业集群升级的理论模型

在发展成熟的产业集群中，行业协会对集群的升级具有重要的促进作用（见图 2）。行业协会在促进集群创新网络建设方面具有三个功能：一是塑造区域品牌，提高产品附加值；二是开展培训研讨活动，传播行业及技术知识等；三是搭建创新服务平台。行业协会在促进产业集群嵌入适当全球价值链方面具有四个功能：一是参与政策游说，协助地方政府科学制定集群规划和集群政策；二是参与制定行业产品质量控制标准，促进企业产品质量提高；三是组织会员对外交流和产品展销，开拓国内外市场；四是引进新技术源，促进基础研究成果产业化。行业协会在加强集群网络治理方面也有较多作为：一是充当执行中介，承接政府部分集群治理功能；二是充当裁判者角色，包括制定行业规范、解决企业纠纷、对违反行业规范者实行惩罚等；三是保护知识产权，维护会员权益；四是健全公共服务体系，包括为会员及集群内企业提供信息和咨询服务，在风险投资、融资等方面为企业提供协助。

从图 1 和图 2 中可直观看出，在地方政府和行业协会中促进产业集群升级的作用中，既有互补性，又有一些类同或重合的地方，如在促进集群创新网络建设方面，地方政府和行业协会都可以在“塑造区域品牌”“搭建创新服务平台”方面有所作为，以提高产业集群的知名度和竞争力，除此之外，政府的职能更多体现在“培育网络创新资源”方面，而行业协会的作用更多集中在“开展培训研讨活动”方面；在嵌入适当全球价值链方面，地方政府和行业协会都可以在“组织对外交流”“引进新技术源”方面多做工作，带动地方产业集群学习新知识，掌握新技术，开拓新市场，主动融入全球经济市场，嵌入合适的价值链，而“制定发展规划”是地方政府的应尽职能，行业协会只是在“参与制定行业标准和政策游说”方面与政府职能形成互补；在加强集群网络治理方面，“提供公共资源和物品”等是地方政府的职能，行业协会可在“充当执行中介”等方面与政府职能形成互补，而在“健全行业公共服务体系”方面，地方政府和行业协会都有共同的责任。从地方政府和行业协会在促进产业集群升级中的作用来看，地方政府可向行业协会转移部分政府职能，比如“组织对外交流”“健全公共服务体系”等，从而更好地发挥行业协会在产业发展中的作用。

## 4 数据来源和研究方法

我们根据《澄海玩具发展纪略》《澄海年鉴》、澄海区委区政府及相关行局、澄海玩具协会提供的资料和数据，整理出近20年来澄海区政府和玩具协会在促进澄海玩具产业集群升级发展中的171项重要事件，其中“澄海区政府促进玩具产业集群升级纪事”112项，“澄海玩具协会促进玩具产业集群升级纪事”59项，这些事件记录了在澄海产业集群的发展过程中，澄海区政府和澄海玩具协会所采取的举措及行动等，这些事件均在一定程度上影响了玩具集群的升级。结合图1和图2两个理论模型，通过对这些事件进行内容分析，按“促进集群创新网络建设”“嵌入全球价值链”和“加强集群内部网络治理”三种升级途径，对这些事件进行分类，并按时间序列进行排序。对于事件的分类，先由熟悉澄海玩具产业的一位专家对事件进行整理分类，分类完成后另请两名专家对事件的分类进行审阅，对有争议的分类事件进一步讨论以取得共识，最终确定事件的分类（见表1和表2）。

**表1 澄海政府促进玩具产业集群升级事件**

| 集群升级途径 | 具体措施（事件件数） | 代表性事件 |
|---|---|---|
| 促进创新网络建设 | 塑造区域品牌（14） | ①成立澄海玩具礼品国际品牌发展中心（2007），并在国内外成功注册“澄海玩具”集体商标（2011）<br>②在国内外举办“澄海玩具”品牌推介会（每年）<br>③申报并被授予“中国玩具礼品之都”（2013） |
| | 搭建创新公共服务平台（7） | ①建立“澄海玩具技术创新中心”创新服务平台（2007）<br>②财政资金支持各中小企业技改、创新平台建设（从2011年开始）<br>③设立出口玩具与礼品公共技术服务平台、政产学研公共服务平台（2013） |
| | 培育网络创新资源（7） | ①每年安排科技创新专项经费1000万元以上（从2006年开始）<br>②设立扶持动漫文化产业发展专项基金（2008）<br>③鼓励并协助企业组建各类工程技术中心、研发中心 |
| 嵌入全球价值链 | 制定发展规划和标准（4） | ①制定《汕头市澄海区玩具礼品产业集群发展规划》（2007）<br>②全力推进产品标准化工作（2011），并被评为省级玩具产业标准化示范区（2012）<br>③推行产业集群联盟标准工作模式（2013） |
| | 组织对外交流（8） | ①每年举办“中国（澄海）玩具礼品国际博览会”<br>②组织重点企业参加国内外重要玩具展，在国内外重点城市举办澄海玩具展销会 |
| | 引进新技术源（0） | 没有发现相应事件 |
| 加强集群网络治理 | 维护市场秩序（29） | ①实施保护知识产权措施，打击侵权行为（从2004年开始）<br>②开展玩具产品质量专项整治，严厉打击生产假冒伪劣产品违法行为（从2006年开始）<br>③加大正面宣传力度，维护“澄海玩具”良好形象 |
| | 提供稀缺资源和公共物品（20） | 出台了《关于扶持澄海玩具工艺业发展的若干政策措施》《汕头市澄海区创建区域国际品牌试点工作实施方案》等政策措施。主要包括：品牌建设扶持、开拓内外市场扶持、企业上市融资扶持以及水、电、路、税收、出口政策等基础配套设施方面的扶持和优惠措施 |
| | 建立信用制度（0） | 没有发现相应事件 |
| | 健全行业公共服务体系（23） | ①打造宝奥城等商贸物流服务平台，建设质量检测、公共信息和行业配套等各类公共服务平台<br>②联合有关单位提供教育培训服务<br>③完善行业配套服务平台建设 |

**表 2 玩具协会促进玩具产业集群升级事件**

| 集群升级途径 | 具体措施（事件件数） | 代表性事件 |
|---|---|---|
| 促进创新网络建设 | 塑造区域品牌（0） | 没有发现相应事件 |
| | 开展培训研讨活动（18） | ①举办"掌握欧盟最新玩具法则"研讨会（2010）<br>②举办各种专业技术和知识培训班近 20 次 |
| | 搭建创新服务平台（0） | 没有发现相应事件 |
| 嵌入全球价值链 | 参与政策游说（3） | ①参与制定《汕头市澄海区玩具礼品产业集群发展规划》（2007）<br>②合理建议促使印度政府取消禁止澄海玩具进口的不合理规定（2009）<br>③促使省调整名牌产品及其生产企业的评选标准和准入条件（2009） |
| | 参与制定行业标准（2） | 参与制定《玩具用电源适配器》《玩具用塑料原料通用技术条件》《塑料回收再加工生产技术规范》等玩具行业系列联盟标准 |
| | 组织对外交流（10） | ①多次组织会员单位开展各种对外商务交流活动<br>②设立"澄海国际玩具礼品展示交易中心"，作为常年玩具产品展销的平台<br>③每年参与举办"中国（澄海）玩具礼品国际博览会" |
| | 引进新技术源（0） | 没有发现相应事件 |
| 加强集群网络治理 | 充当执行中介（10） | ①参与行业市场秩序整治<br>②参与玩具产品质量专项整治<br>③宣传政策法规 |
| | 充当裁判者角色（5） | 制定实施《澄海玩具产品和技术维权公约（试行）》（2000） |
| | 维护会员合法权益（3） | ①协助解决企业纠纷<br>②就影响和伤害会员利益事件向有关单位反映，维护会员利益 |
| | 健全行业公共服务体系（8） | ①搭建人才交流平台（从 2002 年开始），每年举办人才交流会<br>②创建"玩具城""玩具通"网络和手机平台，为会员提供行业信息服务<br>③协助会员解决融资难题 |

在描述澄海玩具产业集群发展的基础上，根据分类的事件，我们将采用事件分析方法进行研究。事件分析方法是制度和组织变化研究的常用方法，它以事件为研究变量，认为事件记录了某一观察期内一个组织环境中重要活动变化的信息。这种方法要求收集一个时间序列的重要事件数据，包含在其中的事件是独特的社会活动，它们导致或影响了组织环境的变化。我们收集到的事件数据，符合事件分析方法的要求，因此，我们将采用事件分析方法分析这些事件对产业集群升级的作用与影响。

## 5 澄海玩具产业集群的发展

改革开放以来，澄海凭借侨乡优势，利用中国香港地区玩具产业转移的契机，依托地方优良的手工艺业和塑料制品业基础，走出一条以自主研发、自主品牌为核心的发展道路。近 30 年来，澄海玩具产业一直保持高速发展态势，产业规模不断扩大。1996 年起，澄海玩具产业集群初步形成，逐步形成社会化分工和专业化协作的产业链条，产业集群的竞争优势也充分显现。一些规模较大的玩具企业如骅威、奥迪等实施品牌战略，提升产品附加值，带动集群内产品质量迅速提升，不断扩大市场。澄海玩具产业集群逐步成长。自 2005 年开始，澄海玩具业普遍感受到技术人才紧缺、生产成本上涨、国内外行业竞争激烈，产业集群面临转型升级的压力。可喜的是，澄海玩具产业近十年来一直持续稳定增长，保持强大的市场竞争力，成为地方经济的支柱，直至成为业界的示范。据澄海区政府办公室提供的数据，澄海玩具业年产值从 2005 年的 115 亿元增长到 2013 年的 310 亿元（见表 3）。截至 2013 年底，澄海玩具生产、经营及配套企业 5000 多家，从业人员超 12 万人，拥有上市公司 4 家，产值超亿元企业 48 家；从 2005 年到 2013 年，澄海玩具礼品业出口交货值年均以 12%左右的速度增长，销往世界 140 多个国家和地区，到 2013 年，玩具产品 70%出口，占全国玩具出口量的 20%以上。

**表 3　澄海玩具产业集群基本情况（2005~2013 年）**

| 项　目 | 2005 年 | 2006 年 | 2007 年 | 2008 年 | 2009 年 | 2010 年 | 2011 年 | 2012 年 | 2013 年 |
|---|---|---|---|---|---|---|---|---|---|
| 生产经营单位（家） | 2917 | 2917 | 3000 | 2816 | 2816 | 2816 | 4490 | 5095 | 5730 |
| 从业人员（万人） | — | — | — | — | — | — | 12.0 | 12.5 | 12.8 |
| 玩具礼品行业产值（亿元） | 115 | 130 | 145 | 162 | 182 | 208 | 239 | 272 | 310 |
| 占全区工业产值比例（%） | 38.7 | 37.6 | 35.4 | 36.7 | 34.9 | 36.2 | 36.7 | 40.2 | 40.9 |
| 出口交货值（亿元） | 79.4 | 91.0 | 101.5 | 113.4 | 127.0 | 145.0 | 167.0 | 190.0 | 217.0 |
| 产值超亿元企业（家） | — | — | — | — | 13 | 13 | 34 | 36 | 48 |
| 省级工程技术中心（个） | 1 | 1 | 1 | 2 | 2 | 3 | 3 | 3 | 5 |
| 高新技术企业（家） | 2 | 2 | 5 | 6 | 6 | 6 | 7 | 9 | 10 |
| 专利授权量（件） | 3828 | 4641 | 5930 | 7004 | 8445 | 10642 | 12390 | 14767 | 12012 |
| 驰名商标（件） | 6 | 10 | 10 | 15 | 18 | 21 | 24 | 28 | 28 |

注：①2007 年的生产经营单位数量为大约数；②出口交货值包括澄海玩具礼品在汕头海关直接出口的数值和在澄海生产而在国内其他地方出口的数值，数据引自《澄海玩具发展纪略》一书；③驰名商标包括中国驰名商标和广东省著名商标。

澄海已发展成为世界知名的玩具礼品生产基地，也是首个国家级玩具礼品出口基地和玩具礼品国家外贸转型升级专业型示范基地。先后获得“中国玩具礼品城”“国家火炬计划澄海智能玩具创意设计与制造产业基地”“中国玩具礼品出口基地”等一系列荣誉称号。目前，澄海玩具产业集群已经形成从设计造型、原材料供应、模具加工、零部件制造、装配成型、包装装潢到贸易销售、运输物流、电子商务等方面专业分工协作的比较完整的产业链。一些企业通过或加大科研投入开发高技术含量的新产品实现产品和功能的升级，如飞轮公司与清华大学等高校合作开发遥控车、遥控船、遥控飞机，嘉达早教加大投入研发早教玩具产品等；而奥飞动漫、星辉车模等公司则通过资本运作收购国内著名动漫、手游、网游公司，实现产业的转型升级，从而带动区内更多有实力的玩具企业朝高端创意文化产业发展。在集群中各大企业的带动下，澄海玩具产业集群已在全球价值链中不断向附加值更高的科研和营销两端发展，已走向“链条”式升级阶段。

这些成果的取得，除了来自集群内各类企业的不断努力和创新外，还得益于澄海区政府与行业协会的一系列促进措施。特别是 2005 年以后，面对国内外复杂的经济局面，面临产业集群的调整升级，澄海区政府与行业协会做了大量卓有成效的工作，有力地促进了澄海玩具产业集群的升级和发展。

# 6 地方政府和行业协会促进产业集群升级作用的比较分析

## 6.1 在促进集群创新网络建设中的作用

### 6.1.1 澄海区政府的作用

近年来，澄海区政府通过推动产业集群的区域品牌建设、扶持技术创新，促进了玩具产业集群创新网络建设。从2006年起，澄海区政府每年安排科技创新专项经费1000万元以上，扶持科技型中小企业进行技术创新，对企业在新产品试制、中间试验费和重大科研项目投入等方面给予了资金扶持。

2008年，设立1800万元的扶持动漫文化产业发展专项基金，扶持区内动漫文化企业的创新发展。同时，积极申请上级扶持资金，组建“澄海区玩具技术创新中心”，依托奥飞动漫、群兴玩具、星辉互动娱乐、小白龙、飞轮等企业组建各类工程技术中心，培育集群网络创新资源，承担各级政府科技项目也不断增加。到2013年底，澄海玩具产业集群拥有高新技术企业11家、省级工程中心5个、省级以上民营科技企业13家；中国驰名商标3件，省著名商标21件，拥有“澄海玩具”集体商标；75%以上的企业有自主的研发机构，80%以上的骨干企业产品拥有自主知识产权，初步实现由“澄海制造”向“澄海创造”的转变。

### 6.1.2 玩具协会的作用

玩具协会在促进集群创新网络建设方面的作用主要体现在开展研讨交流和培训等方面的活动。近年来，澄海玩具协会先后与全国玩具标准化技术委员会、中国轻工质量认证中心、中国玩具协会、广东省玩具协会等有关管理部门和机构联合举办了近20期各种专业技术和知识培训班，有针对性地结合每一时期市场需求和国内外行业准入门槛的变化，组织不同集群内企业参加培训，组织会员单位技术人员参加培训，以提高企业管理和技术水平，促进技术及相关知识的传播。不过，玩具协会在塑造区域品牌和搭建创新服务平台方面尚未有得力作为。

## 6.2 在嵌入全球价值链方面的作用

### 6.2.1 澄海区政府的作用

为推动玩具产业有序、健康和快速发展，澄海区先后制定了《汕头市澄海区玩具礼品产业集群发展规划》和《广东省澄海玩具外贸转型升级专业型示范基地培育发展规划》，明确玩具产业“十二五”时期的战略定位和发展目标，提出发展战略和实施措施，引导集群选择并嵌入适当的全球价值链，推动澄海玩具业向产业链两端升级。

在发展规划的指导下，澄海区政府大力实施质量兴区和技术标准化战略，着力提高产品技术含量，提升集群自主创新能力，不断增强产品的市场竞争力。专门成立标准化工作领导小组，全力推进玩具产业标准化工作，使玩具生产企业自觉按照国家强制性标准和出口国际标准进行生产。先后设立了国家玩具质量监督检验中心（汕头）澄海办事处、粤东玩具技术检测中心等机构，为玩具生产企业的产品提供检验检测服务。通过建立玩具制造业标准体系，构建动态化的持续改进管理机制，支持一批拥有自主核心技术和产业化能力强的优势企业参与国家标准、行业标准、地方标准、联盟标准的制定（修订），建立起行业领先的企业产品内控标准。2012年底，制定出台了《玩具用塑料原料技术条件》《玩具用涂料通用技术条件》《玩具用电池充电器》《玩具用电源适配器》等玩具行业标准，有力地促进了玩具产业规范化和标准化。至2014年，已初步形成以企业联盟为基础，以政府支持为后盾，由企业积极参与的“区（镇）政府+行业协会+企业”产业集群联盟标准工作模式。通过推行联盟标准，引导集群内企业共同开发、应用高新技术和先进技术，推动集群往价值链的研发端提升，提升集群的竞争力。

从 1999 年起，澄海区政府每年举办一届“中国澄海玩具礼品国际博览会”，组织群内企业参会参展，招揽国内外商家进场交易。从 2008 年开始，澄海区政府组织区内重点企业，联合上级相关部门在北京、上海、广州、迪拜等国内外重点城市举办澄海玩具推介会，密切对外交流，开拓国内外市场。从 2011 年开始，澄海区政府坚持每年专门安排 500 万元财政资金扶持中小企业开拓市场、扶持玩具企业在国内外设立展示中心，拓展销售渠道，推动集群往价值链的渠道端提升。不过，地方政府在“引进技术源”方面未见有所作为。

### 6.2.2 玩具协会的作用

澄海玩具协会自 1996 年成立之后就积极组织会员单位开展各种对外互动交流活动，促进澄海玩具产品内销渠道的畅通。先后组织玩具协会会员赴广州、东莞、义乌、上海等地，参观和考察产业发展情况，与外地玩具协会开展交流活动；同时招待中国国际贸易促进委员会、中国玩具协会和广东省玩具协会、中国香港贸易发展局华南办事处，以及东莞、浙江、江苏等地玩具协会等 30 个单位前来澄海区参观、访问和交流。同时，多次组织会员赴境外考察，帮助会员单位及时掌握国内外玩具信息，拓宽企业发展思路。近年来，澄海玩具协会多次组织企业参加国内外各种类型的博览会、交易会。另外，还帮助会员单位在迪拜“中国澄海玩具展示中心”参展。

1999 年起澄海每年举办一次中国澄海国际玩具礼品博览会，每次澄海玩具协会都作为协办单位，积极做好有关各项筹办工作。2008 年，澄海区玩具协会在澄海展览中心设立“澄海国际玩具礼品展示交易中心”，作为常年玩具产品展销的平台。2012 年组织会员开展品牌与产品对接会，帮助会员企业走品牌授权之路，实现品牌销售，提高产品附加值和市场竞争力。

澄海玩具协会通过参与编制行业规划、技术标准和政策游说，组织对外交流和产品展销活动等，维护了协会成员的利益，推广澄海玩具，帮助澄海玩具产业集群向产业链高附加值环节攀升。

## 6.3 在加强集群网络治理方面

### 6.3.1 澄海区政府的作用

在澄海玩具产业集群的升级调整阶段，澄海区政府在打击违法侵权行为、整治玩具业市场秩序、完善公共服务体系方面做了大量的工作，有效地促进了澄海玩具产业集群网络治理，推动玩具产业规范、有序、健康发展。

在维护市场秩序方面：一是全面实施“知识产权”保护和培育战略，制定出台《关于加强知识产权工作的若干意见》《澄海区加强玩具行业知识产权保护工作实施方案》等一系列政策措施，切实加强知识产权保护和培育工作。成立“红盾服务维权澄海区展览中心工作站”、设立“知识产权保护绿色通道”，有效维护企业合法权益，不断加强知识产权保护工作。二是严格执行各项法律法规，严厉打击玩具企业生产假冒伪劣产品的违法行为，维护玩具市场的良好秩序。一方面，澄海区政府大力推行强制性技术标准，引导企业积极办理玩具产品 3C 认证手续和玩具企业产品出口质量许可证，自觉按照国家强制性标准和出口国际标准进行生产。同时，积极引导推动企业申报质量管理体系、环境管理体系、职业安全健康管理体系认证。2011 年、2012 年还每年拨出专款 160 万元，为玩具企业免费提供产品质量检测。另一方面，澄海区政府多次组织打击违法侵权行为行动，依法查处无 3C 认证产品及其生产企业，查处存在严重质量问题的企业以及生产危害人体健康、安全的玩具生产企业，维护市场的良好秩序。至 2013 年底，全区玩具产业中，共有 184 家企业获得出口玩具质量许可证，846 家玩具生产企业获得 2881 张 3C 认证证书，产品检验合格率总体呈上升趋势。

在提供稀缺资源和公共物品方面：近年来，澄海区先后制定实施了《关于扶持澄海玩具工艺业发展的若干政策措施》《汕头市澄海区创建广东省玩具礼品产业集群升级示范区工作意见》等一系列政策措施，从用地、用水、用电和技术创新、市场开拓等方面给予玩具产业以优惠扶持，促进玩具企业集聚发展，做强做大重点企业，推动中小微企业扩大规模、提升质量、增强综合竞争力。

在健全行业公共服务体系方面：澄海区政府整合各方面资源，搭建了检测认证、商贸物流、电子商务、信息服务、产品展销、教育培训六大行业公共服务平台（见表 4）。这些平台的建设，是适应集群的发展需求逐步发展起来的，不断为集群企业提供各类发展所需的服务，有效推动了整个集群的升级发展。

**表 4　澄海玩具产业集群的六大服务平台**

| 项目 | 服务平台 | 已建成并投入运营的平台项目 |
| --- | --- | --- |
| 1 | 检测认证 | 国家玩具质检中心（汕头）澄海办事处、粤东玩具检测中心、汕头市精正检测技术服务有限公司 |
| 2 | 商贸物流 | 塑料城、宝奥城 |
| 3 | 电子商务 | 宝奥玩具城（网站）、宇博电子产业城、玩具优比网、玩具巴巴 |
| 4 | 信息服务 | 澄海外经信息、澄企快讯、澄海玩具信息报、玩具优比网、玩具巴巴 |
| 5 | 产品展销 | 澄海（国际）玩具博览会、迪拜玩具展示中心 |
| 6 | 教育培训 | 澄海职业技术学院、澄海玩具协会 |

不过，地方政府在“建立信用制度”方面并没有采取相应的行动，缺乏相应的措施推动地方信用制度建设。

### 6.3.2　玩具协会的作用

澄海玩具协会通过充当执行中介和裁判者角色，协助地方政府开展市场秩序和玩具质量整治，规范行业行为，维护会员和行业合法利益，健全公共服务体系等活动，促进产业集群网络治理。

在充当执行中介方面：参与行业市场秩序整治，从 2000 年参与澄海政府主持的研究解决玩具行业“见客”混乱问题会议，到 2012~2013 年多次在政府组织的玩具质量专项整治行动中，向会员发出倡议书、公开信，澄海玩具协会的职能在服务会员、服务政府和社会的实践中不断扩展，从成立之初的组织对外交流，开展培训研讨交流会，到参与行业专项整治，宣传行业政策法规等，现已逐步履行协助政府进行集群治理的职能。

在充当裁判者角色方面：一是制定实施《澄海玩具产品和技术维权公约》（试行），该公约规定：公约成员经国家确认了知识产权的产品和技术、已向国家申报其知识产权但尚处在待处理阶段的产品和技术、已设计成型将投入生产但尚未向国家申报知识产权的产品和技术，其他公约成员均不得仿造抄袭，否则必须承担相应的责任，该公约的实施，有效促进了玩具行业知识产权的保护，大大减少了玩具产品和技术的仿造抄袭行为。二是协助解决企业纠纷，如 1999 年协助解决奥迪公司与青松公司的产品侵权问题等。

在维护会员合法权益方面：2004 年 12 月南方日报报业集团《21 世纪经济报道》发表损害澄海玩具业形象的不实报道。当月 27 日，广东省玩具协会、澄海区玩具协会致函该报业集团，提出反驳意见，并要求其更正和道歉。2007 年 6 月 6 日，天津市工商行政管理局以抽检广东玩具时发现 12 家标称澄海企业生产的产品不合格为由，在天津红盾网发出“慎重经销和购买产自广东澄海的电动玩具”的消费警示。6 月 8 日澄海区玩具协会对这一以偏概全的警示公开予以反驳，同时取得广东省玩具协会的支持，由其对天津市工商行政管理局的行为提出质疑。

在健全行业公共服务体系方面：一是搭建人才交流平台。2002 年 11 月，澄海玩具协会联合澄海工艺美术协会、澄海人事局举办首届玩具工艺业人力资源交流会，为玩具企业招引工人提供服务。此后澄海区每年均举办一次人力资源交流会。二是提供信息服务，创建“玩具城”网站、《澄海玩具讯息会刊》、手机信息服务平台“玩具通”等，为会员企业提供国内外玩具信息。三是协助会员解决融资难题。澄海区玩具协会加强与金融机构的经常性联系，积极争取澄海工商银行、交通银行、民生银行等向其上级行申请贷款额度，协助会员单位解决融资难问题。2011 年 3 月，澄海区玩具协会成功争取到交通银行汕头分行的贷款授信额度 5 亿元和汕头民生银行的贷款额度 1 亿元，专项用于澄海区玩具企业的生产经营。四是协助会员办理有关事务，如维权、申报自营进出口权、办理玩具质量许可证等。

# 7 结论及启示

从以上分析可以发现：①地方政府和行业协会是推动产业集群升级的重要力量。在集群创新网络建设、嵌入全球价值链和加强集群治理等方面，两者都采取了实际行动，有力推动了集群升级。②地方政府和行业协会促进产业集群升级的作用既有互补性，也有部分重合，这些重合的部分预示着行业协会可以承接政府在集群治理方面的部分职能，以便更好地发挥行业协会的作用。③从地方政府和行业协会所采取的行动来看，两者在“引进新技术源”“建设信用体系”等方面仍然有很大的发挥空间，行业协会在“促进创新网络建设”方面需要有更多的作为。总的来讲，从澄海区政府和行业协会在促进玩具产业集群升级的实践来看，仍然有许多可改善的空间。

一是要加强集群创新优势的培育。集群中实力雄厚的企业可以通过自身的研发或收购兼并获取新技术，以保持竞争力。而对于集群中的小微企业，往往缺乏能力进行创新，也无法通过收购兼并获取技术。地方政府要促进集群技术创新，不能单纯集中培育上规模的大企业，而应该在集群中建设生产力促进中心，加强创新技术源的引进，帮扶、促进集群中占大多数的中小微企业进行产品升级、工艺升级和功能升级。同时，行业协会要积极参与培养网络创新资源、搭建创新公共服务平台、塑造区域品牌等，与政府一道进一步完善公共服务体系，降低小微企业的创新成本，培育产业集群的创新优势。

二是要加强市场信用制度建设。澄海的社会结构具有典型熟人社会的特征，信任和商业关系明显地建立在血缘、亲缘、历史关系等根植性因素之上。基于关系的交易妨碍了现代市场信用体系的建设，增加了交易成本。随着我国社会主义市场经济体制改革的推进，必然要求各级地方政府加强现代化信用体系方面的制度化建设。从深化社会管理体制改革的趋势来看，地方政府可以把“建立玩具集群信用体系”的职能部分转移给行业协会，发挥行业协会在促进产业集群升级中的积极作用。

三是要适应形势变化，做好产业规划。在实地调查中我们发现，澄海区政府于 2007 年编制的产业集群规划距今已近十年，已不符合当今的产业集群发展需要。为此，建议澄海区政府应结合当前形势和地方实际，尽快重新编制适应集群发展需要的产业规划。鉴于玩具行业协会对产业发展前沿有较深入的了解，以及它在集群集体行动中的影响和作用，地方政府可联合行业协会共同做好产业规划。

四是部分政府职能可向行业协会转移。行业协会对产业发展现状和未来发展趋势往往具有更加准确的把握，行业协会可以自发组织创新服务机构和融资机构，为集群企业提供技术和资金支持。因此，可以鼓励产业集群自发组织的各种协会充分发挥职能，为产业发展提供资源、技术、市场和政策方面的支持（胡恩华，2002）。在分析中我们发现，地方政府和行业协会对集群升级的作用有部分重合，如促进创新网络建设中的“搭建创新服务平台”，在嵌入适当全球价值链中的“组织对外交流”和“引进新技术源”、在加强集群网络治理中的“健全公共服务体系”等方面。而这些重合的部分，正是地方政府在扶持社会组织发展中可以逐步放权的地方，行业协会应加强作为，提高能力和水平，以逐步承接政府在集群治理方面的部分职能转移。

〔参考文献〕

［1］蔡宁，杨闩柱. 论产业集群竞争优势基础的转变［J］. 浙江大学学报（人文社会科学版），2003，33（6）：42-48.

［2］胡恩华. 产学研合作中的问题与对策研究［J］. 研究与发展管理，2002（2）：57-60.

［3］李文秀.产业集群升级研究——基于链网耦合的视角［M］. 北京：经济管理出版社，2012：98-102.

［4］李勇. 产业集群创新网络与升级战略研究［M］. 上海：上海社会科学院出版社，2010：191-205.

［5］廖园园. 集群治理机制论——理论和浙江产业集群的经验研究［D］. 杭州：浙江大学博士学位论文，2011.

［6］刘芹. 产业集群升级研究述评［J］. 科研管理，2007，28（3）：57-62.

［7］［美］迈克尔·波特. 国家竞争优势［M］. 李明轩，邱如美译. 北京：华夏出版社，2003：66-164.

［8］史东明. 我国中小产业集群的效率改进［J］. 中国工业经济，2003（2）：72-76.

［9］王传宝. 全球价值链视角下的地方产业集群升级机理研究［D］. 武汉：华中科技大学博士学位论文，2009.

［10］王晓霞等. 产业集群升级研究——地方政府视角［M］. 北京：中国社会科学出版社，2012.

［11］徐建牛，孙沛东. 行业协会：集群企业集体行动的组织基础——基于对温州烟具协会的案例分析［J］. 浙江学刊，2009（1）：200-205.

［12］易明. 产业集群治理体系研究［M］. 武汉：中国地质大学出版社，2011：62.

［13］张杰. 我国地方产业集群的升级路径——基于组织分工架构的一个初步分析［J］. 中国工业经济分析，2006（5）：48-55.

［14］Freeman C.. Networks of Innovators：A Synthesis of Research Issues［J］. Research Policy，1991（20）：363-379.

［15］Gereffi G.. International Trade and Industrial Upgrading in the Apparel Commodity Chain［J］. Journal of International Economics，1999（48）：37-70.

［16］Giovanna C. and Marco D.. Clusters and Network Development in Developing Countries［A］. In Jacob Levitsky (ed.)，Business Development Services：A Review of International Experience［C］. IT Publications，London，2000.

［17］Humphrey J. and Schmitz H.. Governance and Upgrading：Linking Industrial Cluster and Global Value Chain Research［Z］. IDS Working Paper 120，Brighton：IDS，2000.

# The Roles of Local Government and Industry Association in Industrial Clusters Upgrading

## —A Case Study of the Toys Industrial Cluster in Chenghai

Weitian Chen　Shaodong Hu　Danming Lin

(Shantou University Business School，Shantou，Guangdong，515063)

**Abstract**：On the basis of literature research，this paper summarizes three ways of industrial cluster upgrading，namely，promoting the construction of innovation network，inserting into global value chain and strengthen the cluster network management，and constructs an analytical model for the local government and industry association to promote the local industry cluster upgrading. Taking the Chenghai toy industrial cluster as an example，this paper analyses the roles of the local government and industry association for the industrial cluster upgrading by event analysis. This study has found that the local government and industry association both play important roles in promoting the upgrading of industrial cluster，and the roles of them are complementary，and some are overlapping. The overlapping parts are some of the local government functions that can be undertaken by the industry association. In the end，this paper puts forward some corresponding policies and proposals.

**Key Words**：Industrial Cluster；Cluster Innovation Network；Global Value Chain；the Cluster Internal Governance

**JEL Classification**：L14

# 创业创新

# 中国台湾地区青年大陆创业环境分析与推进策略探讨

## ——基于长三角地区的调查与思考

邓启明

（宁波大学浙江台湾研究院，浙江宁波，315211）

［摘　要］伴随着海峡两岸民间交流与经贸往来不断加强和两岸关系逐步发展变化，越来越多的台湾地区青年选择前来大陆发展创业，且以选择海西福建和珠三角、长三角地区的人数居多。笔者通过对长三角等地的调查分析，首先就“大众创业，万众创新”时代，台湾地区青年大陆发展与创业的环境问题进行SWOT分析，并据此提出了简称“四个良好”的推进策略及其配套对策建议。长三角地区经济比较发达，较完善的市场体系以及相关政策措施的出台等，为台湾地区青年创业带来了一定的机遇与优势，但经营管理与生活成本较高，以及两岸间经营管理理念和教育、生活方式等方面的差异，特别是两岸关系和岛内政党政治的不确定性等，也给台湾地区青年长三角创业增加了一定难度和挑战。为此，一是要制定一个良好的发展规划，二是要打造一个良好的发展平台，三是要营造一个良好的发展环境，四是要形成一个良好的发展模式（简称“四个良好”），以期把长三角地区打造成为台湾地区青年创业就业的高地。

［关键词］中国台湾青年；创业环境；SWOT分析；推进策略

［JEL分类］J00

## 1　研究背景与问题的提出

当前两岸关系发展与经贸合作，亟须寻找和培育新的动力、新的载体，包括创业创新在内的两岸青年交流和融合，正是新时期推动两岸关系发展的新形式与重要路径创新，也是两岸交流与合作发展的更高形态和重大成果。党和国家领导人习近平等十分关心台湾青年一代，多次强调指出：“我们愿意让台湾同胞分享大陆发展机遇，愿意为台湾青年提供施展才华、实现抱负的舞台，让两岸关系和平发展为他们的成长、成才、成功注入新动力、拓展新空间。”2015年11月7日，习近平、马英九在新加坡会面，在谈到两岸同胞交往和青年问题时，习近平再次强调指出：现在还有很多台湾乡亲从未来过大陆，我们热忱欢迎他们来大陆走走看看，参与到两岸交流大潮中来；要“为两岸青年学习就业创造提供更多机遇、打造更好条件，使两岸基层民众，尤其是青年一代，成为推动两岸关系发展，实现民族复兴的重要力量”。2016年，习近平、洪秀柱在北京会面，习近平更明确提出，要为两岸青少年教育、成长营造良好环境，鼓励他们早接触、多交往，增进亲

［作者简介］邓启明，男，博士，宁波大学商学院教授、硕士生导师，兼任宁波大学浙江台湾研究院副院长、两岸关系和平发展协同创新中心教授（厦门大学），主要从事海峡两岸经贸交流与产业合作等方面研究，E-mail：dqm99@163.com。

情……我们将研究出台相关政策措施，为台湾同胞在大陆学习、就业、创业、生活提供更多便利。

另外，随着大陆“十三五”规划和“自由贸易区”“一带一路”等国家经济与社会发展战略的提出和逐步实施，当前大陆正进一步深化改革、扩大开放，且高度重视青年与大众的创业创新问题，努力倡导和推动“大众创业，万众创新”，并给予政策上的扶持和引导。这也就为两岸青年交流融合方式创新与合作创业等迎来了宽广的舞台与难得的机遇。尤其是长三角地区市场经济发达，创业环境不断优化，也给台湾青年创业就业提供了较优惠的条件，为台湾青年创业创新提供了更广阔的舞台；相反，近年来台湾地区经济发展不振，低薪与失业问题严重，严重影响和制约了台湾青年的就业创业前景。据介绍，2008年国际金融危机爆发后，台湾地区经济发展缓慢，岛内消费者物价指数高于同期工资增长指数；其失业率也比较高，且以青年人的失业状况最为显著，高学历者失业率高于低学历者。[1] 与此同时，“5·20”台湾地区民进党与蔡英文“完全执政”后，也造成了两岸政治经济关系的复杂性和不确定性，海峡两岸各相关协议及大陆各项对台优惠政策等将难以落实，这也就给台湾青年大陆创业与就业带来了新的挑战。为此，笔者拟以长三角地区为例，着重就台湾青年大陆创业创新之环境问题进行SWOT分析，既发现机遇和挑战，也准确把握优势与劣势，并提出配套策略措施，起抛砖引玉的作用。

## 2 环境分析

长三角地区市场经济发达，活跃着阿里巴巴等众多知名企业，无疑是台湾青年创业就业的首选地之一，但也同时存在着巨大的挑战与不足。SWOT分析如下（见表1）。

**表1 中国台湾青年长三角创业之SWOT分析与策略选择**

| SWOT分析与策略选择 | S（优势）<br>S1 台商台干台生聚集，信息与人才较丰富<br>S2 相关政策措施支持，创业创新环境较好<br>S3 经济开放性比较强，服务业发达，潜力大 | W（劣势）<br>W1 中国台湾青年自身不足之处<br>W2 两岸差异的影响与制约 |
|---|---|---|
| O（机遇）<br>O1 大陆地区发展战略<br>O2 政策措施持续改进 | SO 策略（良好规划）<br>科学规划，重在落实<br>准确定位，协同发展 | WO 策略（良好平台）<br>专业辅导，有的放矢<br>增进交流，示范推广 |
| T（威胁）<br>T1 两岸关系不确定性<br>T2 成本偏高，竞争激烈 | ST 策略（良好环境）<br>提高认识，政经互动<br>政策便利，降低门槛 | WT 策略（良好模式）<br>分类管理，统筹兼顾<br>取长补短，错位发展 |

### 2.1 优势（S）

#### 2.1.1 台商台干台生聚集，信息与人才较丰富

长三角地区地理环境优越，创新指数高，是大陆综合实力最发达的三大经济圈之一[2]，也是台湾地区人民投资创业和就业、求学的首选之地，已成为台商、台干和台生的重要聚集地。其人才与信息资源丰富，台湾青年在此组建创业团队，较容易获得必要的扶持、引导和帮助，并取得成功，特别是许多可资借鉴的一二代台商创业发展的成功故事与失败的教训等，都将是无价之宝。

#### 2.1.2 相关政策措施支持，创业创新环境较好

近年来长三角地区进一步放宽了市场准入，降低了创业登记条件、出资额、经营场所等方面限制。而且对于台湾青年创业等，还有更多更具体的政策扶持，如积极探索创业人才社会医保、子女入学、养老等系列政策，在用工管理、社会保险、子女教育等方面享有与大陆同类人员同等权利。[3] 目前各大院校也积极加强与台湾地区高校的交流合作，逐步增加台湾学生就读和短期交

换的人数，多渠道增加两岸青年的交流与合作，也据此增加了台湾青年大陆创业的概率和成功率。

#### 2.1.3 经济开放性比较强，服务业发达，潜力大

长三角地区经济总量约占大陆的1/5，和整个印度相当，是大陆较早对外开放的发达地区，吸引了众多国内外投资者前来投资。该地区基础设施较完善，经济社会与法律法规实施比较规范，服务业发达，经济开放性强，特别是交通便利，物流业发达，互联网和物联网发展较先进。其交通网络密集，而且港口众多，远洋运输业发达。2016年5月11日国务院常务会议通过的《长江三角洲城市群发展规划》，更明确提出要培育更高水平的经济增长极，即打造改革新高地，复制推广自由贸易试验区、自主创新示范区等改革经验，在政府职能转变、体制机制创新方面先行先试；争当开放尖兵，大力吸引外资，扩大开放，推进贸易便利化，促进外贸稳定发展和升级；带头发展新经济，实施创新驱动发展战略，营造双创良好生态，强化关键领域创新，发展现代服务业；以生态保护提供发展新支撑，实施生态建设与修复工程；创造联动发展新模式，推进都市圈同城化发展，构建综合交通体系，促进基础设施互联互通。专家们认为，在这样的基础上，只要政府因势利导，到2030年完全有能力建设成和世界五大城市群并肩的世界级城市群，把长江经济带建设成为我国生态文明建设的先行示范带、创新驱动带和协调发展带。

### 2.2 劣势（W）

#### 2.2.1 中国台湾青年自身不足之处

总体而言，中国台湾青年对大陆经济社会发展及其市场和经营管理等方面的政策措施缺乏了解，创业创新的准备不够充分。加之自身经济基础和技术水平不足，而且缺乏行之有效的创业培训与相关帮助，面临资金短缺和信息不对称等各种挑战。若与广大台商相比，中国台湾青年毕竟相对年轻，在创业创新上尚未积累必要的成果与经验，财力和经验均相对有限；若与闽南金三角当地青年相比，既无闽南方言的亲切感，且人际朋友圈相对较小，这也就给他们的发展创业带来了一定困难和不利之处。事实上，很多从未到过大陆交流、访问的台湾青年，其对大陆的认识和了解仅停留在某些台媒公布的有限新闻与信息，远未做好赴大陆发展创业的相应准备，特别是与当地政府和相关部门、企事业单位等方面的沟通与互动较少，更缺乏深入调查与详细规划和论证。

#### 2.2.2 两岸差异的影响与制约

不可否认，当前海峡两岸间在政治、经济、文化、教育、医疗卫生和宗教等方面仍存在许多差异。即使是企业文化和消费观念等方面，也存在一些不同，消费品位上也存在着一定差异。此外，与台湾地区相比，长三角市场体系和现代服务业仍不够完善，劳动力素质和政府服务水平仍有待提高，未能给台湾青年的发展带来明显的劳动力上的优势；而且房租等相关费用昂贵，增加了其基本投入和运营成本。所有这些，都不同程度地影响和制约着台湾青年的创业与经营管理模式能否及如何持续发展与壮大问题。

### 2.3 机遇（O）

#### 2.3.1 大陆地区发展战略

随着大陆“十三五”规划的出台，以及“一带一路”与“自贸区”等重大发展举措的陆续推出和逐步实施，将为长三角提升经济发展活力提供新动力，也将为台湾青年创造无数商机，带动新的就业创业潮。其中，“一带一路”战略因其市场范围不局限于大陆13亿人口，还包括东盟、南亚以及中亚等，发展潜力巨大。微观层面上，“新常态”“工业4.0”“互联网+”等策略措施，也都将对经济社会各个领域产生重大的变革。换句话说，对台湾青年而言，理应紧跟时代潮流和发展步伐，以新技术、新理念迎击风浪，共享长三角和大陆进一步深化改革、扩大对外开放的重要机遇期与成果。

#### 2.3.2 政策措施持续改进

尽管当前中国台湾青年在大陆创业创新享受着许多政策优惠，而且还有更多的创业机遇有待开拓，在很大程度上为台湾青年“敢创业、能创业、创成业”提供了许多保障，但台湾青年大陆创业仍不可避免地存在着一些准入门槛与制约。另外，各地陆续出台的相关扶持与引导政策，要么缺乏针对性、要么并未落实，并未让台湾青年人普遍尝到“美味”。值得一提的是，包括长三角在内的许多省区，相关配套政策措施正持续改进和完善，发展前景看好，值得期待。特别是纷纷扰扰中2016年度“沪台双城论坛”再次成功举办，以及由此达成的一些共识与计划等，无疑也为此提供了新的契机和保障。

### 2.4 威胁（T）

#### 2.4.1 两岸关系不确定性

台湾地区再次政党轮替后，绿营开始在岛内全面执政，两岸同胞开始感受到了与过去八年不一样的政治氛围。尤其是“台独”顽固派蠢蠢欲动，肆无忌惮地推动“去中国化”，不顾历史事实美化日本殖民统治，重新挑动岛内族群对立等。换句话说，蔡英文当选台湾地区领导人后并未承认“九二共识”，相反提出了“新南向”等政策措施，极其想减少对大陆经济的依赖，这就不可避免地增加了两岸关系和经济发展的“不确定性”，给两岸关系制造了许多新的麻烦，必将加剧台湾地区经济衰退和社会动荡。另据介绍，目前两岸官方、半官方交往机制已经停摆，台湾地区出口大陆地区的产品数量也开始受到这种不稳定的两岸关系的影响而快速下降，大陆游客也由于“台独”政党上台而对台湾地区失去好感（或安全感）甚至不敢（或不愿意）去台湾地区旅游，陆生们赴台求学（或交换学习）的意愿也明显降低，海峡两岸间各方面事宜都不同程度地受到一定影响与制约。

#### 2.4.2 成本偏高，竞争激烈

长三角地区工业和服务业较发达，创业创新活跃，但人口密集、面积狭小，土地和劳动力成本逐步上升，日益成为影响和制约当地经济社会进一步发展与台湾青年创业的重要因素。此外，中国台湾青年在此创业创新所面临的影响和主要竞争，一方面来自于本土企业，另一方面来自于已入驻（或即将入驻）长三角的台商与台资企业。尤其是不同台企之间的产品和服务比较相似，其相互竞争也就比较激烈。

## 3 策略选择

显然，“大众创业，万众创新”时代，中国台湾青年在长三角地区创业创新的机遇与挑战并存，建议突出做好以下四个方面的推进策略及其配套措施（简称“四个良好”），努力将其打造成为中国台湾青年大陆创业的核心区与新高地。

### 3.1 制定一个良好的发展规划

一是要科学规划，重在落实。要从长三角和大陆经济社会发展，以及两岸关系与大陆对中国台湾青年相关政策措施等方面实际出发，通过科学论证与规划，提出相应的人才培养与引进政策并妥善落实，大力吸引中国台湾青年落地本地区，努力把长三角打造成为中国台湾青年创业就业的核心区与新高地。

二是要准确定位，协同发展。面对近年来大陆各地市纷纷采取措施吸引中国台湾青年前往创业和就业大潮，迫切需要统筹全局，继续加强与珠三角，特别是海峡西岸经济区等省（地、市）的分工与合作，努力避免重复性建设和恶性竞争。通过科学合理的定位，形成自身的发展特色，

实现与其他地区间的协同发展。尤其是要结合台湾地区经济发展的优势与目前长三角地区经济社会发展转型升级的现实需要，有针对性地引导中国台湾青年参与到电子信息、“互联网+”、文化创意、节能环保、餐饮服务以及精品农业等新兴产业的培育与快速发展中去。

## 3.2 打造一个良好的发展平台

一是要专业辅导，有的放矢。主要是加强相关调研与服务，真正了解新形势下中国台湾青年在当地创业和就业的具体要求及其自身不足之处与优点，进而进行更有针对性的专业辅导与帮助，增强适应性、提高成功率。尤其是要通过建立“两岸青年创业园区”、成立创业导师团队、开展创业孵化项目等举措，努力为中国台湾青年创业就业积极提供信息、技术等方面的专业辅导，不断增强适应性、努力提升竞争力。

二是要增进交流，示范推广。海峡两岸间尽管同文同种，但是由于在政治制度、社会结构以及价值观念等方面存在差异，使得中国台湾青年要想真正融入大陆社会并不容易。与此同时，一些中国台湾青年有着技术与管理上的优势，大陆青年通常人脉较广、对市场拓展也比较熟悉，两岸青年间优势互补，可以携手一起创业，同时要努力增进中国台湾青年与大陆青年在创业与就业过程中的交流与合作发展。既要千方百计增进两岸青年间多层次、多样化的交往与交流，努力增进共识、缩小差异，也要跟踪分析、及时总结已有青年创业项目的成功经验及其不足之处，进而示范、推广其主要做法和宝贵经验。

## 3.3 营造一个良好的发展环境

一是要提高认识，政经互动。尤其是要清楚地认识和把握好以下几点：首先，吸引中国台湾青年来大陆创业和就业，有利于实现两岸经济发展的互利共赢——一方面舒缓了台湾地区经济发展不景气和就业压力较大的状况，另一方面也有利于促进长三角乃至中国大陆经济社会发展的转型与升级。其次，吸引中国台湾青年前来创业和就业，也将促进和带动两岸关系的友好发展。特别是在民进党和蔡英文“全面执政”、两岸关系复杂多变的当前，中国台湾青年将在推动两岸关系和平发展中发挥着新的关键性作用。换句话说，吸引中国台湾青年前来就业与创业，将极大地促进两岸青年间的交流与合作，有利于纠正中国台湾青年对于大陆的刻板印象和错误认识，提高认同感和美誉度，从而加深理解，增进互信与共识，并逐渐形成政经互动的良性循环。

二是要政策便利，降低门槛。为持续吸引并留住中国台湾青年前来创业就业，需要专门针对中国台湾青年创业就业提供更多、更好的政策上的便利，为中国台湾青年提供较为宽松的发展环境，包括降低进入门槛。特别是要加快开通相应就业信息窗口，在用人企业（或单位）和中国台湾青年间搭建桥梁，使得就业信息更加公开透明化；在工资福利、用工管理、医疗保障与社会保障条件等方面逐渐实现“同城待遇”；对中国台湾青年在住房保障、增信担保、税收减免、培训实习等方面给予优惠政策；对中国台湾青年的创业项目设立相关的创业基金，给予信贷优惠等金融扶持，并简化注册登记等手续；尽早实现两岸间技术标准的共通与证照的互认等。一句话，为中国台湾青年就业创业提供更多便利，切实消除中国台湾青年大陆创业就业所面临的制约因素和各种阻碍。

## 3.4 形成一个良好的发展模式

一是要分类管理，统筹兼顾。不仅要加强和改进中国台湾青年创新培训，尤其是要帮助他们更透彻地了解和熟悉大陆的市场状况与政策法规，包括竞争对手与消费者的偏好，时刻关注大陆出台的相关策略措施与标准；也要加强对不同类型（或不同层次）中国台湾青年（如学校刚毕业青年与社会青年等）需求的追踪调查与灵活管理，实现劳动力供求的合理配置，提高人才引进效率。

二是要取长补短，错位发展。前来大陆发展创业的第一二代台商，积累了较丰富的创业经验，要灵活引导和鼓励中国台湾青年与一二代台商间的交流与合作，既要学习前辈们辛苦创业的经验教训与精神，同时也要科学认识和善用自身的专长与优点。在此基础上，要充分运用各项扶持政策与专业辅导，努力寻找合适的发展商机和创新点，生产具有自身特色的产品（或提供服务），形成并保持专属于自己的核心竞争力。

## 4 小结与讨论

党和国家领导人多次强调指出：两岸基层民众，尤其是青年一代，是推动两岸关系发展，实现民族伟大复兴的重要力量。显然，加强和改进两岸青年交流合作与涉台人才的培养，功在当代、利在千秋，任重而道远。2016 年 4 月，由两岸关系和平发展协同创新中心与海峡交流文化中心联合举办的“高等院校涉台机构人才培养工作会”上，笔者曾以《做好两岸青少年融合共生工作的若干思考》为题，就两岸青少年融合共生工作的特点及其制约因素问题进行初步分析，认为当前两岸青少年融合共生工作“仍缺乏抓手和系统策划”，建议“分类别考虑与策划”。为此，一是要分门别类，有的放矢地做好“青少年融合共生”工作；二是要大胆设计，各司其职地做好“青少年融合共生”工作；三是要统筹考虑，加强辅导以做好“青少年融合共生”工作。各高等院校涉台机构既要认清形势，迎接挑战，加强内部整合与创新，又要把握机遇，发挥优势，扩大对外交流与合作。本文即是上述分析研究的进一步深化与适当拓展，尤其是要从当前实际出发，把长三角和珠三角地区打造成为中国台湾青年创业就业高地的构想，既符合当前两岸关系和经济社会发展的实际，也体现了党和国家领导人情系台湾同胞，尤其关心台湾地区基层民众和青年一代的想法和需求，具有较强的可操作性和迫切性，任重道远。

值得注意的是，福建省人民政府较早研究、出台了《关于鼓励和支持台湾青年来闽创业就业的意见》（闽政〔2015〕28 号），厦门市人民政府等又据此出台了《关于鼓励和支持台湾青年来厦创业就业实施意见》，要求高度重视中国台湾青年在两岸交流交往中的生力军作用，建设一批中国台湾青年创业基地、创客空间、就业平台，并从中选择效益规模和综合条件较好的创业就业基地予以重点指导、多级扶持，将其打造成在两岸具有重要影响的中国台湾青年创业示范基地；出台有关中国台湾青年创业就业的扶持措施，在中国台湾青年创业场所、资金、住房和证照办理、社会保障等方面予以有力支持；营造台胞在厦门创业、就业、生活的温馨氛围，吸引更多台湾青年来厦门发展。总的目标是高起点建设台湾青年创业基地、创客空间、就业平台，全方位优化中国台湾青年在厦门创业就业的综合环境，率先建成在两岸具有重要影响的中国台湾青年创业示范基地，建立健全推进中国台湾青年在厦门创业就业的长效机制，开创“由小到大”扶持中国台湾企业在厦门发展壮大、“由青年而大众”促进两岸同胞融合发展的新模式。与此相适应，2016 年（6 月 11~17 日）在福建省举行的“第 8 届海峡论坛”，即以“扩大民间交流，促进融合发展”为主题，共包含论坛大会、青年交流、基层交流、经贸交流四大板块的 19 项活动，各项活动广泛地邀请了中国台湾青年参与，更加贴近了两岸青年和基层民众的关注与需求，继续呈现了“民间性、草根性、广泛性”的特点；尤其是本届论坛还专门聚焦了青年群体的就业创业议题，新增设计了两岸青年创业创新大赛、新媒体文创论坛、两岸奥运选手共同参与的“益启跑”等活动，也因此成为本届论坛的一大亮点。事实上，大陆地区“十三五”规划等对于如何满足包括广大青年在内的台湾同胞利益都有一些框架性甚至较具体的安排，对于台湾地区如何参与“一带一路”、RCEP 和亚投行等也有妥善的思考与计划。所有这些，都将为中国台湾青年提供施展才华、实现抱负的强大舞台，也有待于我们进一步跟踪分析和研究探索。

〔参考文献〕

[1] 张雅倩. 台湾青年来大陆创业正当时 [J]. 两岸关系，2015 (7).

[2] 中华人民共和国国民经济和社会发展第十三个五年规划纲要 [Z].

[3] "习马会"为两岸青年交流开拓更大空间 [N]. 香港文汇报，2015-11-12.

# Analysis and Promotion Strategy of Chinese Taiwan Youth Entrepreneurship in China Mainland

## —Based on the evidence of initial practices in Yangtze River Delta Region

Qiming Deng

(Zhejiang Research Institute of Taiwan, Ningbo University, Ningbo, Zhejiang, 315211)

**Abstract**: With the rising trends of trades and communications between mainland and Chinese Taiwan, the number of Taiwanese young entrepreneurs who choose to start their businesses in mainland, especially in the Yangtze River Delta Region, is increasing. This paper mainly uses evidences from initial practices in the Yangtze Delta Region as examples, and starts off by doing a comprehensive SWOT analysis of the environment that Taiwanese entrepreneurs are facing in the period of "People's entrepreneurship, Multitudes' innovations". Based on such, the paper put forward the "Four Advantages" progressive strategy with its assortive suggestions, and further discussions about research ideas and methods for the next step. With the better economy, good market system and relative policies, Yangtze River Delta Region has provided notable opportunities and advantages to young Taiwanese; however, the high costs of business management and living, with the diversity in education, operation philosophy, life style, and es pecially the political uncertainties between the two sides will increase the difficulties and challenges for Taiwanese youth entrepreneurs. Therefore, four points ("Four Advantages" for short) must be followed in order to enhance the entrepreneurship environment of the Yangtze River Delta Region, and promote the relationship of Chinese Taiwan and mainland: ①Create a well crafted development plan. ②Forge a fine platform for development. ③Mold a comfortable developing environment. ④Set a stable developing mode.

**Key Words**: Chinese Taiwan Youth; Entrepreneurship Environment; SWOT Analysis; Optimization Strategy

**JEL Classification**: J00